以茶代酒

愛在原鄉　健康促進

呂芳川　著

推薦序

難行猶需行，苦難啟悲智

二〇二一年是慈濟五十五週年，證嚴上人教我們回首當年，更要莫忘那一年、莫忘那一人、莫忘那一念心。我即邀請呂芳川主任每週一次，與基金會同仁分享他多年來結合慈善與醫療志工團隊，扶助弱勢的豐富專案經驗。聽呂主任談及，早自一九九五年起，就在北臺灣與慈濟醫事人員聯誼會（簡稱慈濟人醫會），赴偏遠山區與離島義診；走進城市暗角為遊民、原住民義診及關懷等等，尤其是聽到他對全臺各縣市哪一個鄉最貧窮、哪一個鄉最偏遠等，如數家珍般的描述，是打從心裡的讚歎和佩服。

二〇一〇年，證嚴上人邀請呂主任「回家了」，呂芳川主任毅然即由臺北舉家搬回花蓮，承擔起慈善志業發展處的重任，也同時將關懷弱勢族群的視角望向花蓮的山海聚落，面對似乎根深難斷的原住民嗜酒習慣而引發的健康與家庭問題。他帶領團隊深入鄉里，先與各部落原住民作朋友，拜訪耆老、文獻探尋族群對酒的文明與變化，先了解問題淵源，再尊重結合部落耆老、鄉村首長、各個教會的信仰與社區組織力量，呼應原鄉殷盼戒酒的願望，引導出各部落與原住民朋友的社區集體力量。

要幫助原住民社會改變嗜酒積習是相當挑戰的課題，而佛教團體要走入已經與教會締結深厚信仰與情誼基礎的原鄉，更是談何容易。我想，呂主任選擇「往艱難處走」的力量，源自於多年追隨證嚴上人、長期投入慈善工作最前線的慈悲毅力。十年來，「以茶代酒」在花蓮原鄉，可說是以一傳十、以十傳百，邊走邊整隊、邊走邊結好緣地做出讓人信賴的口碑，在專注戒酒與健康宣導的同時，將骨髓捐贈、環保回收、蔬食愛地球等慈濟脈動積極分享，也慧心推動「戒酒撲滿」邀原鄉朋友一起捐助國際賑災，並結合慈濟慈善、醫療志業專業，扶助獨老長輩的居家安全、長照共餐、學童防蝨、除了戒酒，也關心戒檳榔與防「三高」等衛教，用心而同步並進的，推動著原鄉「健康起來」。

由本會團隊逐村定期舉辦「以茶代酒」茶會，把戒酒的因緣耐心帶進秀林、萬榮、光復、豐濱、卓溪五大原鄉，以及吉安、壽豐、鳳林、玉里、富里的部落；至今原鄉逐步自主成立「茶友會」長期進行戒酒宣導、個案追蹤。如何扎根續航，如何在十年、二十年後，真正看到原鄉遠離酒害、飲食優化、健康優化、生活優化，相信是「以茶代酒，健康促進」專案將持續不懈的願景。

感恩呂芳川主任百忙中著述留史，當中亦道出各社區慈濟志工團隊的恆持陪伴、各鄉鎮衛生健康中心專管人員的支持追蹤、以及社區婦女會等組織源自家戶的在地力量。在此，謹代表慈濟慈善事業基金會，向各部落耆老、鄉里長及各級幹事、各部落教會等等，真摯感恩。也衷心祝福正在為自己的健康、為家人的幸福而努力戒酒的原住民朋友們，願大志堅，重獲新生。

慈濟慈善事業基金會執行長／顏博文

推薦序

遠離酒菸檳　健康好生活

疾病的產生因素，其實可簡單以佛教的因緣觀來對應說明；「因」，即基因等內在因素，例如：從父母遺傳下來的基因；「緣」，即環境等外在因素，例如：呼吸的空氣、飲用的水質、吃進身體裡的東西；所以老祖宗才會告訴我們「病從口入」。而吃的東西裡，最重要的就是要避免菸、酒、檳榔。

長期飲酒或酗酒，會造成身體的各種器官及系統出現很多問題；對於心臟，會導致心肌無力，接著造成心肌壞死、心臟衰竭，最後會需要心臟移植才能活命；酒精進入身體後，必須由肝臟來進行代謝工作，增加肝臟的負擔，長期飲酒過量會導致肝臟的發炎反應，造成脂肪肝、肝纖維化，然後變成肝硬化、肝衰竭，最後甚至演變成肝癌。長期喝酒造成酒精中毒後，也會影響腦神經，嚴重時會痙攣、癇癇發作，失憶或記憶力衰退，甚至產生人格上的變異。長期喝酒對身體的危害實在太多了，還有高血壓、高血脂、糖尿病，以及很常發生的痛風等等。

在花蓮慈濟醫院心臟科門診這二十幾年來，最常見的心臟衰竭，就是酒精引起的。

所以，如果能夠成功戒酒，不僅能重拾健康，人生也能再次擁有照見光明的希望。當然也要順帶推薦最健康的飲食方式——低油、低鹽、低糖、高纖維的素食飲食，再加上定期、定量、適度的運動，才是完整的健康之道。

當然，要改變生活，去除菸、酒、檳榔的習慣，不是一件容易的事。而有時要一個人改，會覺得很辛苦，如果能夠有團體共同的力量一起來改，彼此能扶持提醒、再堅持一下，改變就會一點一點發生，累積出驚人的成果。

想起我很喜歡的一句靜思語：「只要找到路，就不怕路遙遠。」或是聖經中的愛的真諦，「愛是恆久忍耐又有恩慈……凡事包容，凡事相信，凡事盼望，愛是永不止息。」慈濟基金會慈善事業發展處的呂芳川師兄非常用心努力，帶領團隊與慈濟志工們深入社區，希望改變飲酒的習慣，運用以茶代酒的方法，一步一步深入推廣，得到大家的信任，才能有今天這樣的成績展現出來，這是非常有愛心，非常不簡單的事。對於花東各社區的鄉親，能夠逐漸在生活中去除飲酒的習慣，就能保持健康的身體與心理，發揮每個人生命的良能。

今天欣聞呂師兄把幾年來的努力結集出版，樂為之序，祝福所有人福慧安康，輕安自在。

推薦序

佛教慈濟醫療法人執行長暨心臟內科專科醫師／林俊龍

推薦序

締造公共衛生的新典範

酗酒問題為禍之烈，非僅止於戕害個人健康，更是形成諸多家庭及社會問題的主因。環顧全球經濟弱勢族群，長期陷溺於酗酒，苦苦難以自拔。酒癮者貧病交迫，困頓於渾噩醉夢人生，亟需導入新觀念新模式，為長期難獲改善的酗酒問題，創造新典範，進而廣泛應用於全球各社區部落。

酗酒問題並非原住民部落獨有，昔日遭貼標籤，致使族人蒙受負面形象。慈濟基金會慈善發展處呂芳川主任，係以尊重部落為前提，關懷原鄉健康福祉，坦誠地與部落民眾共同商議，大夥兒攜手推動部落健康營造。慈濟團隊善用人文精神，偕同部落啟引自覺與動員，建構自發性永續運作機制。

植基於原鄉族人共識，發展以茶取代飲酒社交文化，幫助部落民眾遠離酒癮風險。這作法有別傳統之酒癮戒治模式，以部落自主生活改造，取代「專業主導」，融入更多的尊重、溝通、共識、自覺、自發、部落動員、人文內涵、以及永續運作等部落健康營造核心元素。

慈濟推動慈善志業，從臺灣到全球，從急難救助到社區培力（Community Empowerment），不斷創造新模式與新典範。呂芳川主任百忙之中撥冗撰寫此書，為原鄉健康營造新模式，留下彌足珍貴的紀錄，也為全球公共衛生樹立新典範。

前花蓮縣衛生局局長　美國杜蘭大學公共衛生博士／**徐祥明**

推薦序

有心就有福 有願就有力

剛看到芳川主任及慈善志業發展處的「愛在原鄉，以茶代酒，健康促進」，原以為又是照本宣科的衛教宣導，但細看之後發現許多耳目一新之處。

首先，本書澄清以往原鄉嗜酒的刻板印象，以歷史及宗教角度為原住民正名：以往部落糧食不足，釀酒不易，故小米酒是作為與祖靈溝通的神聖工具，非重要場合、未經長老同意不得飲用，後來因為日據時代鼓勵、光復後公賣制度導致酒類普及化，才造成酒類濫用的社會現象。

再者，本書誠實檢討過去宣導的不足之處，敘述慈濟如何有別以往由上而下的政令宣達，改為由下而上的社區充能（Empowerment），用部落的語言、部落的角度切入，面對的不再是冷冰冰的統計數字，而是一個個有血有肉的真實故事，唯有用心搏感情，才能句句入人心。

在此容我透露書中兩個小故事：（一）上山下海宣導富世村：秀林鄉富世村是全國最大村，是臺北市面積二點五倍，人口卻只有兩千多人，地廣人稀且山路崎嶇，若有人說「功夫，是練出來的」，那我說「公衛，是走出來的」。（二）當阿門遇上阿彌陀佛：原住民多信奉天主教或基督教，然而當慈濟至萬榮鄉東光部落宣導，當地教會卻特地取消當天團契，好讓信徒也能參加，可見「有心就有福，有願就有力」是不分信仰的。

這本書不僅是寫給從事公衛的您、關心原鄉的您，更是寫給每個發心讓這片土地更好的您，真心推薦。

花蓮慈濟醫院副院長暨高齡醫學中心主任　美國杜蘭大學公共衛生博士／**羅慶徽**

目錄

第一章 緣起

一 發心，伴原鄉活出健康

證嚴法師從一九六六年創辦克難慈濟功德會以來，從花東展開濟貧的工作，發覺許多偏鄉原鄉的民眾因貧而病，因病而貧，貧病交加，導致生活更加困難，因此一九七二年在花蓮市仁愛街成立「慈濟功德會附設貧民施醫義診所」展開義診的工作，更為了及時提供完整的醫療服務，遂推動建蓋慈濟綜合醫院，歷經艱辛萬難，花蓮綜合醫院終於一九八六年八月十七日啟業，為的是花東地區的鄉親能得到更好的醫療照顧。

由於花東地區地廣人稀，且大多為偏鄉原鄉，衛生所人力有限，民眾普遍較難保持良好的健康生活常識。近三、四十年來，部落鄉親習慣以酒會友，平常領了的工資，最大的享受就是朋友相約聚在一起喝酒，而喝酒很容易在不知不覺中陷入酒精依賴。

原民鄉親以建築工地板模工人或零工為主，收入不很穩定，所以當一時沒有工作，或工作上、交友互動上稍有不如意，情緒容易波動，有時會以喝酒來逃避與痲木自己。二〇〇四年臺灣地區飲酒盛行率調查報告中對臺灣各縣市與三個原住民地區進行飲酒盛行率的調查，發現原住民族當時有飲酒習慣的比例高於百分之二十，高於臺灣全體樣本的比例百分之六點六（梁振翊、周肇茂、何佩珊、謝天渝與楊奕馨，2004）。

另外，行政院原住民委員會在二〇〇八年公布原住民十大死亡原因排行榜，「惡性腫瘤」連續五年蟬聯第一，第二為心臟疾病，第三為肝病及肝硬化，第四名為事故傷害，第五為腦血管疾病，第六為肺炎，接著為慢性下呼吸道疾病、糖尿病、高血壓及敗血症等。依據原住民健康狀況統計資料顯示，原住民死亡率高出漢人四、五倍，排名前面的死因如惡性腫瘤、肝病、事故傷害等都與酒脫不了干係，例如事故傷害肇事者超過六成都喝酒過量。

二 根除喝酒四害，刻不容緩

證嚴法師一直以來不斷對花東地區原住民鄉親的生活狀況非常重視，不時殷殷垂詢了解許多原民的家庭狀況，並叮嚀如果要改善花東偏鄉原鄉民眾的生活，要先解決最影響他們健康與生活的喝酒過量問題。因為一個家庭的經濟承擔者如果無意間養成酗酒的習慣，不但無法有穩定的工作來協助家庭的經濟，甚至於反而成為家庭的負擔。

證嚴法師並告知，喝酒有四害，第一是「失去健康」，喝酒過量，會導致許多的健康問題，在原鄉充滿著痛風困擾的鄉親，當痛風一來，根本無法工作，有工作的會因此而失去工作，有的鄉親有痛風石的，會影響到日常的行動，甚至無法走路的比比皆是。有更多的鄉親更因為喝酒過量，造成肝硬化等疾病。

第二是「經濟力薄弱」，因為經常酒醉，導致無法有穩定的工作與收入，偶爾打零工，一有收入馬上又買酒喝，導致無心為自己的家庭、自己的生活去思考。

第三是「酒駕意外」，偏鄉原鄉的鄉親如果養成喝酒的習慣，常常無法避免酒駕，原因是每個部落間距離遙遠，不可能牽著摩托車慢慢走回家，因此在精神恍惚間，常無法及時反應對方來車，而造成酒駕意外，輕則住院治療，無法正常工作，嚴重則成為植物人或喪失生命，造成一個家庭的悲劇。依據原住民委員會資料統計，事故傷害在二〇一一年以前一直是原住民鄉親最主要死亡原因第一名，在經過政府不斷宣導之後，直到二〇一八年才首次下降到第四名。可見，酒駕意外造成原鄉許多家庭的悲劇。

第四是「家暴增加」，喝酒過量常使人失去理智，平常為了孩子的求學，都會到處借錢給孩子就學的父母親，一喝酒過量，常會發生毆打小孩，夫妻吵架互毆等家暴問題。所以如果我們要在花東地區改善他們的經濟與生活，如何改變他們喝酒過量的習慣，是刻不容緩。慈濟專案推動團隊在經過方向的指引，開始深入原鄉各部落去了解，並著手規畫如何來協助偏鄉原鄉鄉親走出酒精依賴的習慣。

但在開始規畫專案推動之初，推動團隊首先思考的是：常聽到在原鄉有「酒的文化」，如果解釋不當，會造成與原民文化的對立，那就會造成整個計畫推動的障礙。所以團隊首先要了解「原住民酒的文化」真正的內涵，尤其是，原鄉真的在它們的歷史發展中，一直是有那麼多的酗酒問題嗎？一直有那麼多的痛風與肝硬化的問題嗎？原住民「酒的文化」在歷史的變遷中，是否有脫軌發展的一些原因？這一個問題是首先要了解澄清的。

三 酒的原始神聖性

從歷史變遷中來看，因酗酒而導致原鄉痛風人口偏多，是從何時開始發生的？推動團隊從文獻中發覺，在日本殖民進來原鄉山區之前，一八八五年左右基督教長老教會的傳教士馬偕到次高山（雪山）想以西方進步醫療傳教，但他曾讚嘆的說：「山上清涼的氣候，原住民族少有疾病，因此，不需要外來的醫療資源。」他又說：「我和次高山附近的原住民同住了數星期，發現他們幾乎都是健康的。」（引自藍忠孚，許木柱，1992:31）。如果當時已經有許多族人有痛風、痛風石，或因肝硬化而腹水起來造成生命的威脅，馬偕博士不可能沒看到，也不可能講這兩段話；再以現在許多原鄉部落痛風、痛風石所造成行動不便的人口，就形成很強烈的對比。

一九一〇年，一位日本軍醫調查「蕃」人的體格及營養狀況，感慨指出：「一般生『蕃』雖難言營養良好，然體格皆比日本人及臺灣本地人良好，概因為他們從幼年起習慣粗食，且住在空氣新鮮的山地，及從事適當的勞動。」（引自范燕秋，1998:148）。所以很清楚的，在日據之前，泰雅族社會尚未有普遍的痛風人口與因酗酒而導致的健康問題。

那為何後來會出現如此普遍性的痛風與肝硬化的人口呢？痛風是一種非經由各種傳染的管道而產生的疾病，它是經由飲食習慣或遺傳的管道而導致尿酸高累積形成的。團隊因巡迴義診常參與原鄉各部落的豐年祭，一起用餐，日本據臺到國民政府光復以來，有些原鄉族人在飲食上，常常用厚厚的一層鹽巴醃漬抓來的山鼠、飛鼠肉、與魚類，含鈉量非常高，甚至動物內臟，生吃或熬湯是常有的，以醫學的角度，這種長久以來偏向高普林的飲食習慣，是導致原民鄉親尿酸偏高體質的主要原因之一，但尿酸偏高並不等於是痛風，因此我們還是要了解還有其它哪些飲食習慣影響到原民鄉親的健康？經過探討發覺在飲「酒」習慣的改變是一大焦點。談到酒，文獻告訴我們，原住民並不是天生就是嗜酒的族群，就像伍帕斯所說：

在日據前，原住民大體都是無隔宿之糧的族群，根本沒有多餘的糧食可以釀酒，除非積存數年之結餘，否則日常食用都不夠了，那有餘糧可以釀造很多酒呢？由於穀物之稀少與難獲，使得酒在原住民社會中倍感珍貴，除非祭典、婚禮、親友酬酢，否則根本沒有飲酒的機會，而即使在這種可以飲酒的難得場合，傳統規範對於飲酒也設下相當嚴謹的禮儀，例如：只有長老可以自己斟酒，年輕者若非得長者允許也不得飲酒，這樣嚴謹的傳統習俗，使得原住民珍視酒，更視飲酒為一種美好的難得享受（伍帕斯，2001）。

翻開文獻，對臺灣大多數原住民而言，酒主要用來敬獻神明與祖先，喜慶時宴請親友或當作禮物，原住民飲酒文化以及飲酒的習慣，通常喝酒前舉行「灌祭」，以食指浸酒後灑向天空或地上，向祖靈獻酒，表示不忘祖、與祖靈共享之意；然後成年的族人再共飲；親友相聚時，一碗酒遞酌共同分享，合口共飲是表示情誼；最重要的是嚴格禁止未成年的少年飲酒，長者沒有允許，年輕人是不准喝酒的。而這些也就是大多數臺灣原住民傳統社會信仰文化的集體規範力量。

四 公賣制，酒的價值不再

到了日據時代，日本殖民政府為了財政稅收，一九〇七年開徵酒造稅，一九二二年，頒布酒的專賣，而原住民自釀自飲，雖然未受到當時日本殖民政府的禁止私釀，但隨時可買到的「公賣酒」成為聚會助興的飲料，「酒」在原住民的社群逐漸失去神聖的價值與內涵；國民政府來臺後更加嚴厲執行酒專賣政策。原住民產量不多，釀製不易，傳統低酒精濃度具有補充身體營養的自釀小米酒就此從五〇、六〇年代的青壯年一代逐漸變質，原住民神聖的「酒的文化」從此有如致命的一擊，此後菸酒公賣局體系便名正言順地進入原住民部落社會。

因此，原本「酒」在大多數臺灣原住民有傳統道德文化嚴謹的規範，在神聖祭典或喜慶祝福特殊的場合才釀製祭祖或飲用，生產量不多，喝酒的機會與量也都不多。但日據以來，統治者資本機器量化生產與專賣，不只神聖尊重的意義消失了，酒也成了隨手可買，隨時可喝的世俗商品，這種對酒的觀念與飲酒習慣的轉變，成為後來每當原住民因經濟上的壓力與工作不穩定，或出外謀生人際關係困難時，逃避現實，藉酒精神遊，讓心情得到解脫的一種寄託。

至此很清楚，專案的推動並不與原民「酒的文化」違背，只要能與有心、熱心的原民鄉親共同讓年輕一代的原民鄉親了解早期原民傳統社會嚴謹規範與榮耀，以及所謂原民社會「酒的文化」神聖的真諦。

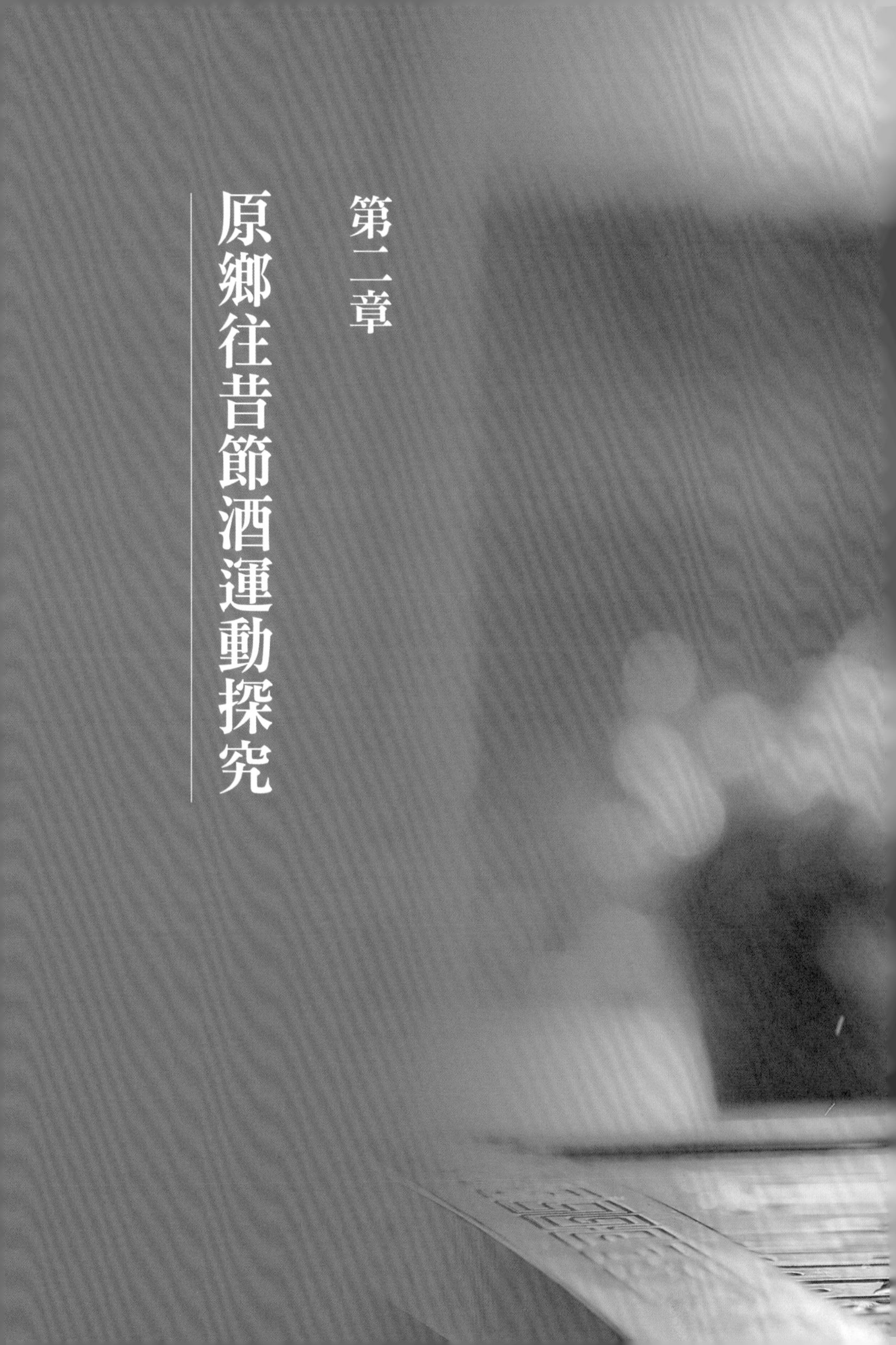

第二章

原鄉往昔節酒運動探究

原住民的社會變遷上，酒由神聖而商品化，由集體的道德的約制而成為個人恣意的豪飲；而酒的來源，由「少量的小米自釀」變成「大量的國家機器量產」，由「家庭的自製自釀」變成「資本主義商品化生產」。「酒」如果在沒有節制的飲用之下，非常容易造成一個人的情緒與理性的失控，精神與神智的恍惚，家庭與社會暴力事件增多、車禍與意外事件增多、工作效率的減低與工作機會的喪失、甚至於個人健康的問題叢生，這是普世的認知與現象。

一 戒酒，世界性的議題

在世界各國都曾經有許多戒酒禁酒的活動與法令，像美國在十八世紀末、十九世紀二零年代以及二十世紀三零年代，三次全國性從民間到政府法令的禁酒戒酒活動。加拿大、澳大利亞、印度、西南非和南美洲、愛爾蘭、蘇聯在十九、二十世紀也都有類似的禁酒戒酒活動；而北歐國家除了丹麥之外，都是具有長久禁酒傳統的國家。這些國家的禁酒活動與法令，就是因為酒精過量對個人、家庭與社會確實造成很大的傷害；但是這些國家除了在中東地區因為信仰與嚴刑峻法的配合下，酒類的氾濫得以控制外，其他國家則絕大部分政府最後都屈服於經濟財政的改善，一方面以高稅收來開放禁令、一方面避免嗜酒者轉移到毒品服用，並將酒品地下化加以管制，由民間發起的禁酒運動而發展到政府的禁酒法令終告失敗。

相較於世界各國從民間的戒酒運動到政府的制令禁酒，臺灣則是一個非常特殊的地區，它特殊的地方是從一八九五年日本據臺以來，日本殖民政府逐步將菸酒公賣，以補助內政與軍事的財政，而國民政府光復臺灣後，也延續菸酒公賣政策；在光復之初，菸酒公賣甚至是臺灣財政上的最大支柱與收入，也就是因為這個緣故，由國家機器從事菸酒的生產，不但無形中傷害國民的健康，也麻痺了人民的身心，而這個傷害直到今天仍然持續不斷，甚至原住民社會更因此而背負了酗酒族群的污名，而他們身體所受的傷害像肝病、痛風更是讓人怵目驚心。

二 原民節酒三十年

由於國家機器的菸酒公賣政策，所以在臺灣社會很少有社區性或社會性的戒酒運動，直到一九九一年，原民會蒐集資料發現原鄉衛生教育與預防工作沒做好，而開始推動「節酒」為焦點的政策議題。但部落都很敏感，怕被汙名化，開始只有高雄縣三民鄉（那瑪夏鄉）參與。

一九九五年又推出「找回自我、促進健康─原住民節制飲酒計畫」；原住民委員會衛福處並於一九九六年一月二十四日正式決議推動「節酒運動」，這對促進原住民健康有了正式宣示的決心。

政府一邊推動政策，一邊鼓勵原住民鄉鎮參加，但推動過程曲折，甚至還發生原住民先集中在醫院戒酒成功，但在回鄉歡迎會中又全都醉倒的狀況。西元二〇〇五年，原住民委員會廣邀學界協助規畫原住民部落的節酒運動，也發動了各原住民鄉的節酒運動，團隊將各鄉的節酒活動成效與辦法做一個分析與探討。

原住民委員會的戒酒運動取名為「節制飲酒，促進健康」，這個活動的重點是「藉由部落外來資源與在地社會力量的介入，並結合宗教團體或相關專業團體自發性之推動，重新凝聚部落之共識，以有效推動『節制飲酒，促進健康』之執行成效。」它的功能是在協助與輔導各申請單位確實執行節酒之計畫，並評估其執行計畫之成效，以提高其執行力與「節制飲酒，促進健康」成果。

西元二〇〇五年開始正式推動時，計畫全名為「找回自我、促進健康—節制飲酒計畫」。該計畫於成果回顧時，自我檢討，提出「限於本計畫之專管中心成立時間較晚，且與執行單位之間互動有待加強，使得部份輔導與評價機制無法落實於各執行單位在推動『節制飲酒、促進健康』計畫。」所以在西元二〇〇七年度的計畫中，除增進輔導與評價機制，尤其是先輔導建立在地原住民飲酒行為之基本資料，再研擬各種介入措施。此外，原住民委員會要求各執行單位（各鄉）應配合在地特色，研擬因地制宜之戒酒措施，鼓勵與附近的學術機構共同擬定與評估此計畫之可行性及其預期效果，而在檢討成果時，主辦單位提出：

然而，過去各「專案執行單位」執行計畫業務時，往往大都配合機關的要求，除舉辦相關戒酒活動外，更無法發揮永續經營之目標，實為可惜。鑑於經費必須善用，而且更期望能夠達到預期之目標，在各種輔導管理計畫的工作就更形重要，此種工作對現在與未來執行「節制飲酒、促進健康」計畫具有導引方向作用，亦可避免執行計畫之方向或實施策略有所偏差，無法達到原民會之預期目標，浪費預防保健有限的資源（郭憲文，2006:15-16）。

其中充分指出由上而下的要求，各單位大都配合上面的要求行事，容易導致資源浪費，下面將舉幾個鄉來做分析。

三 舊高雄縣三民鄉：瑪雅的愛更多 去酒癮有希望

原高雄縣三民鄉是全臺灣第一個實施節酒活動的原住民部落，其節酒計畫是由三民鄉民權社區發展協會提出，成立戒酒戶是整個計畫工作的中心，選取經常飲酒還有工作能力者，以其家庭為單位，再邀其配偶或子女一同加入關懷戶，透過全鄉及家庭的關懷，以及全鄉戒酒意識的提升達到戒酒的目的；此外，該計畫並以獎金獎勵與監督措施，及以旗幟、文宣宣導戒酒。

更進一步說明，三民鄉在此次節酒活動中，三千多人口分布在三個村、四個部落中，計畫選取三十個戒酒戶，也就是選取三十位喜歡喝酒者為戒酒員，而且是還有工作者為條件。在該計畫還提到「有鑒於對酒癮者作節酒防治，效果不是很好，容易引起戒酒後症候群，所以本研究所收集的對象為五十五歲以下，愛喝酒又沒有酒癮且有工作生產力者。」在實施一年後，檢討提出該鄉實施節酒運動一年後，效果大部分仍侷限在戒酒班班員身上，對於其他鄉民的共鳴作用則僅為提高戒酒意識，喝酒行為的改變則有待更進一步的努力。

三民鄉的節酒計畫（高雄縣三民鄉九十六年找回自我、促進健康—節制飲酒計畫之部落活力再現—瑪雅的愛第三期修正計畫，2007）也提到主要目的如下：藉由喚起全鄉之戒酒意識，部落之關懷來達到鄉民的戒酒目的。主要的原動力為：

一、喚起整個三民鄉民不喝酒意識：透過鄉公所及教會的宣導與配合，宣傳戒酒活動的目的與過度飲酒所造成的危害，進而讓全鄉鄉民了解此計畫之意義與目的。

二、部落關懷：經由不喝酒的鄉民對戒酒戶不斷施予關心與鼓勵，期使其能達到戒酒之目的。

三、家庭關懷：協助此三十戶戒酒戶建立家庭功能，透過家庭功能及小孩的反向教育，讓主要的喝酒者了解其在家庭的重要性，達到戒酒之目的。

四、上級關懷：本計畫亦將行文至鄉內各單位之上級長官，讓上級了解本次活動之意義，請其協助配合。

三民鄉的節酒運動將重點放在全鄉三千多人口中選出的三十個戒酒戶，所謂「瑪雅的愛」的戒酒工作；這是屬於將所有戒酒者集中之後，配合醫療與對特殊個案的一種醫療介入過程。至於計畫中列出的四大目的，大多還是期待由鄉公所等相關單位由上而下的宣導，並未考量到族群的特性與傳統文化的變遷是否存在著社會群體規範與約制力量，並培養在地力量的覺醒。

至於獎金制度、監督與社區宣導並未對部落民眾在意識上起了較大的改變，這與衛生所的宣導活動並無不同，所以就如同該計畫在實施一年後的檢討中，提出僅為提高戒酒意識與侷限在戒酒班學員的身上，導致整個節酒運動並未有良好的成效（高雄縣三民鄉九十六年找回自我、促進健康—節制飲酒計劃之部落活力再現—瑪雅的愛第三期修正計畫，2007:3）。

四 舊臺中縣和平鄉：官民齊力 多元文化為健康

原臺中縣和平鄉的節酒運動是由和平鄉健康促進推廣協會邀請鄉長負責執行督核鄉內節酒政策宣令，公部門主管至職員以身作則，含學校校長與教師、鄉代表、農會、縣議員、村鄰長、村幹事、社區發展理事長及教會長、教會長老執事帶領節酒模範，並期待由部落領袖及輔導團隊，共同遴選推薦節酒配合意願高之部落，作為和平鄉推動節酒計畫示範區。計畫中推動的成員還結合了學術專家學者、鄉公所民政課主管、醫療單位（衛生所／鄰近有設置精神科與區域之醫院）、社福單位（公所社會課／展望會／醫院社工師）、教會牧師及部落志工幹部等組成，主要功能是定期檢討並管控執行進度與成效。

綜觀和平鄉的節酒主要活動如節酒共識大會、親子活動／節酒宣導、糖尿病病友會的節酒宣導、節酒輔導團隊會議、志工研習會、高血壓防治與節酒、飲茶談心、焦點團體健康促進活動、部落綠燈亮起─展現活力、掌握健康、節酒運動 GO GO GO 活動、部落綠燈亮起來節酒運動走透透等大小活動約三十五場，參與的人數總計約一千一百多人次，其中除了表揚活動人數達一百人，其它在不同部落的活動人數都只在十人左右，所謂「部落綠燈亮起─展現活力、掌握健康、節酒運動 GO GO GO 活動」也僅在中坑與天輪各舉辦一次，所謂扎實與深根是談不上，只能說是節酒的宣導。

此外，這個活動是期待以紅綠燈概念改變飲酒行為，紅燈代表飲酒過量，已經危險，要停止喝酒；黃燈代表飲酒中量，要開始警戒，要注意看一看；綠燈代表飲酒限量，是可以安全的走（臺中縣和平鄉原住民社區辦理九十六年度找回自我、促進健節制飲酒計畫，2007）。這種紅黃綠燈的界線模糊，原住民喝酒又不易有不適感，等到喝超量，大都已經難以控制。這些都說明了活動還是著重在由上而下的資料收集、衛教宣導，民眾大都僅在認識過量喝酒的負面意義，以及對節酒意義的認識。所以和平鄉健康促進推廣協會在檢討中提出如下的回顧報告：

志工缺乏信心，對於輔導飲酒經驗不足，部分志工因為農忙及孩子到都會就讀而必須離開部落陪伴孩子，無暇投入輔導工作，地域遼闊聚落分散，推動過程耗時、耗體力及路程遙遠，個案持續性照護難掌控，飲酒個案無工作及打零工維生佔百分之六十四，其本身生活極不穩定，配合意願不確定性高，醫療資源不足，和平地區有輔導成人飲酒或青少年飲酒之醫療單位甚少，目前僅清海醫院有意願配合，鄰近有輔導戒酒經驗之社會工作者或相關工作者也極少數，部分因素因交通遙遠而使專業輔導者協助意願降低（臺中縣和平鄉原住民社區辦理九十六年度找回自我、促進健節制飲酒計畫，2007:5）。

從這段報告中，充份的顯示了，由上而下的宣導方式，不管是志工、社會工作者、醫院的配合都發生了心有餘而力不足的情況。參與節酒的成員在全鄉八千人口中佔極少數的幾十個人，也還有百分之八十三的個案仍需努力節酒。其報告中還提到實施後效果大部分侷限於少部分部落節酒成員身上，對於其他居民或者社區部落的共鳴只能發酵節酒意識，至於節酒行為的改變亟待努力。

此外，和平鄉運動的標語雖特殊有力，但活動內容屬宣導式的活動，一個社區只能舉辦一次的宣導活動，活動的宣導甚至沒有衛生所一般宣導來得有影響力，這種蜻蜓點水式的活動比起三民鄉更為薄弱無力。

五 臺東縣金峰鄉：理念清晰 深山宣導待克服

臺東縣金峰鄉的節酒運動計畫是由馬偕紀念醫院臺東分院提出，所以所有的規畫都以醫院為主導的酒癮者戒酒活動為重點。此計畫嘗試運用原住民部落療傷的模式，除了定期健康監測及治療外，還免費提供吃住，安排謀生就業訓練，一面學習一般農事工作及傳統工藝技術外，進一步學習狩獵及山林傳統知識，舉行傳統祭儀接觸祖靈，上教會接近上帝的愛，全方位的協助酒友，使其找回真正的自己，找回自信，找回生活步調，讓生活思維不再隨酒起舞，勇於面對清醒，勇於面對現實，帶著逝去已久的自尊，重新清醒的面對家族、部落、社區，更協助酒害家庭擺脫酒害無盡的陰影，讓家屬喘息，讓孩子遠離酒害暴力。為了讓這些個案有一個屬於自己的家，設置了三處部落療傷健康山莊；而為了讓他們有一個歸屬的團體，更成立了「嗜酒者勵志會」，使他們透過部落的資源及關懷，降低酒害的威脅。

金峰鄉實施本計畫之初，做過部落調查，習慣性飲酒及社交性飲酒幾乎佔百分之七十，因為飲酒造成各類傷害的個案及家庭，共收集約七十個暴力問題案例，部落耆老及幹部，也普遍以為情況嚴重，只是苦無對策，所以馬偕醫院對部落嗜酒者建置部落療傷系統：收容十名嗜酒者，成功完成戒酒五名；並在機構推動上班不飲酒文化、轄內鄉公所訂定上班不飲酒公約；在學校推動節酒扎根行動，增進學生對酒害認知及傳統禮酒文化認知。

在專案中，透過醫院與衛生所的合作積極尋訪酒害個案，開辦飲酒對策門診、轉介精神障礙個案到醫院精神科接受治療、舉辦國中青少年酒害防堵宣導活動、育齡婦女酒害宣導及產前指導、酒精濫用及酒精依賴個案之管理、組織嗜酒者勵志會等，透過地段護理人員與個案懇談，關切其生活狀況，適時的做醉酒鬧事個案、破壞社區安寧個案的緊急處理。為了讓這些個案有一個屬於自己的家，設置了三處部落療傷健康山莊等。

金峰鄉基本上是以醫院為主導，以酒癮個案為對象，配合點綴的衛教宣導，該鄉節酒活動的規畫是唯一與傳統文化能做結合，但實際的執行上，所謂嗜酒勵志會與健康山莊只及於十位嚴重酒精濫用的個案，兩位節酒楷模 DTD-1 與 DTD-2 都是已經由醫師宣布肝硬化或生命已遭受死神宣判垂危，極其嚴重的個案，基本上以醫院的規畫雖立意良好，但執行上仍然沒有與部落有更良好的互動。在解決家庭暴力問題與酗酒個案的尊嚴上有較特殊的想法，但執行上由於缺少各部落、村與鄉里整體民眾的健康意識的覺醒，未能從在地力量與認知上做扎實的帶動，即便是嗜酒者勵志會還是由地段護理人員老遠從衛生所前來，必定關懷次數有限，部落居民互動也無法落實（臺東縣金峰鄉九十六年找回自己促進健康節制飲酒計畫，2007）。

六 阿里山鄉：節酒與品酒的拉扯

在阿里山鄉的節酒計畫一開始就提出：

長期酗酒產生的肝病、假性腦中風、痛風已嚴重威脅新生代原住民的健康，長期從事山地醫療的醫師陳志成發現，有些原住民在小學二、三年級就開始喝酒，二十歲不到就肝硬化，醫療問題是原住民社會正面臨解構的危機。原住民因長期酗酒引起的傷害，也造成了假性腦中風，喝酒上癮到無法自拔，不喝酒時會手抖。原住民的社會長久以來存著酗酒問題，因酗酒造成的工作力減退、健康受損、經濟問題，甚至危及整個族群的生機。原住民族群與整個臺灣人口數成長相比，卻是減少或是佔全部人口的比例逐漸被稀釋，從一九一〇年的比例百分之三點八降至一九九〇年的百分之一點七。較低的出生率、人口政策的改變都是原因之一，但最重要的因素卻是過高的死亡率。過高的死亡率最大禍首是酗酒。酗酒造成意外傷害、慢性肝炎及肝硬化、痛風，原住民族群在這三項長期承受痛苦〈嘉義縣阿里山鄉九十六年度「促進健康-節制飲酒」實施計畫，2007:1〉。

這道出了原住民部落普遍存在酒對部落傷害的一些現象。在阿里山的節酒計畫中，透過與當地長老合作，了解部落中目前呈現的飲酒問題，愈來愈嚴重，因此耆老們不斷呼籲並與嘉義基督教醫院、戴德森基金會與阿里山社區健康營造中心合作，推出節酒成長團體與品酒文化活動，廣泛獲得支持與參與，但限於人力與物力的影響，效果有限，所以在西元二〇〇六年阿里山鄉節酒計畫的推動檢討會議中提出，參加節酒之成員，大多有工作，聚會時間一直無法全體到齊，並希望能在二〇〇七年由當地鄉公所在各部落會議場合，由鄉長帶動發起全鄉節酒運動，以及加強結合部落教會團辦理各節酒宣導活動。其中並提出，目前仍需不斷努力與辦理各種品酒文化，振奮其式微的部落制約力量，達到節制的力量。

該計畫中最強調所採用的模式是充分尊重當地既有文化，結合當地人力與資源，用在地人來做在地事，不是以外來強權文化去介入其飲酒文化，要求其改變固有傳統，而是協助當地喚起優良的傳統文化，進而固守傳統，讓飲酒問題不再是負向的標籤，也就是戒酒班與品酒文化活動的並重，將品酒視為可以自豪的傳統文化，這在許多原住民鄉是非常特殊的一個思維。對一個戒酒的活動以「節酒」來推動已屬難以管制酗酒者的戒斷要求，品酒文化是否帶動另一個對飲酒的鼓勵，或對年輕一代是否有正面的教育價值？

畢竟在許多的國家都有過從民間到政府的戒酒運動，酗酒對人的健康、家庭暴力與人身安全都有許多的威脅，任何存在著導致鼓勵飲酒與酗酒的風險，都應該謹慎，這是阿里山節酒運動的一個隱憂。另外，該鄉的推動很少在民眾的健康生活習慣、對酒與健康的關係，疾病的認知做努力，如果一味只談其傳統飲酒文化及品酒文化，而不顧該計畫一開始所提到的「酒嚴重影響其部落健康的問題」，恐難以改善民眾的健康。

七 新竹縣尖石鄉：計畫知曉度不足

尖石鄉秀巒村也配合原住民委員會的節酒計畫，由前立委巴燕達魯提出「再現 Tayal 部落健康—節制飲酒計畫」，區域包括尖石鄉玉峰村與秀巒村，計畫書第八頁特別提到「透過部落傳統 GAGA 學習建立活動的精華與內涵，展現泰雅族文化維繫傳承傳統生命力，推動部落飲酒三不計畫，（一）部落婚喪喜慶不飲酒。（二）不結伴續攤喝酒。（三）不出售酒精飲料予未滿十八歲者。」裡面傳達了對傳統文化的肯定與認同與以「宣導」為主的節酒方法（新竹縣尖石鄉再現 Tayal 部落健康—節制飲酒計畫，2007）。

該計畫提出與實施以來，七個部落十三個鄰，族人也都不知道這個計畫；而田埔部落發展協會理事長游國當也被列入該計畫第十四頁「部落支持網絡」的名單中，可是他一點都不知道這個計畫，甚至向筆者索取該計畫書；另外，在新光部落，筆者與鎮西堡長老教會前 Dali 牧師與他的堂弟 Loshing 長老提起原住民委員會的「找回自我、促進健康—節制飲酒計畫」，Loshing 長老還特別問到：「節酒？是哪一個『節』？」

姑且不論該計畫是經費未下來，或者該計畫是由上而下的一個龐大組織網，而導致無人知悉該計畫，這種由上而下的節酒運動在貫徹上，顯現出了它的盲點與無力感。

八 小結：戒酒方能治本

從以上五個鄉的節酒運動可以看出，大多數的鄉都是對酗酒個案的轉介、開班、追蹤、治療為主，在社區裡面則著重在各種衛教與口號的宣導，上級下達的指令與要求多於部落裡面民眾的參與。計畫的藍圖，是由原住民委員會邀請學者與醫界參與協助規畫，雖然鼓勵各鄉自行提出計畫內容，但名稱上已經定名為「節制飲酒」，是否每個部落的原住民都同意這種方向，並沒有取得各部落的共識，這也難怪二〇〇七年十一月一個夜晚，團隊與尖石鄉秀巒村鎮西堡部落牧師及他的堂弟也是鎮西堡的長老提到原住民委員會的節酒計畫時，他們一下子問說「有這個運動嗎？」一會兒牧師又強烈的批評說：「節酒是你們漢人的說法，我們泰雅族沒有所謂節酒，只有『戒酒』。」他的堂弟Losing長老也馬上說：

不行，我們不能只有節酒，我們一定要戒酒，你知道嗎，這幾年我們部落裡已經死了十幾位年輕人，有的因為喝酒就打架，有的因為喝酒自殺，還有許多人肝病死掉的，更有許多人痛風坐輪椅的，不行！我們要我們的部落健康，我們一定要戒酒。

所以當原住民委員會的推動計畫主題到了各部落時，許多的部落規定中都隱約暗示著，酒還是可以喝，但要節制；可是就像Losing長老所說的：

怎樣的喝是有節制，有誰告訴這些酗酒者？他們能做得到嗎？他們一喝就沒有節制了！沒有喝酒會死嗎？以前我們的祖先也沒有這些烈酒，都是酒精成分很低的小米酒，這些公賣的菸酒害死人！

其次，這些鄉的節酒運動大都侷限在酗酒者的開班與民眾的衛教宣導，而傳統的集體規範與約制力量，已經因為資本化經濟而削弱，所以大多數的鄉都提到志工不穩定，陪伴酗酒者難有成效。

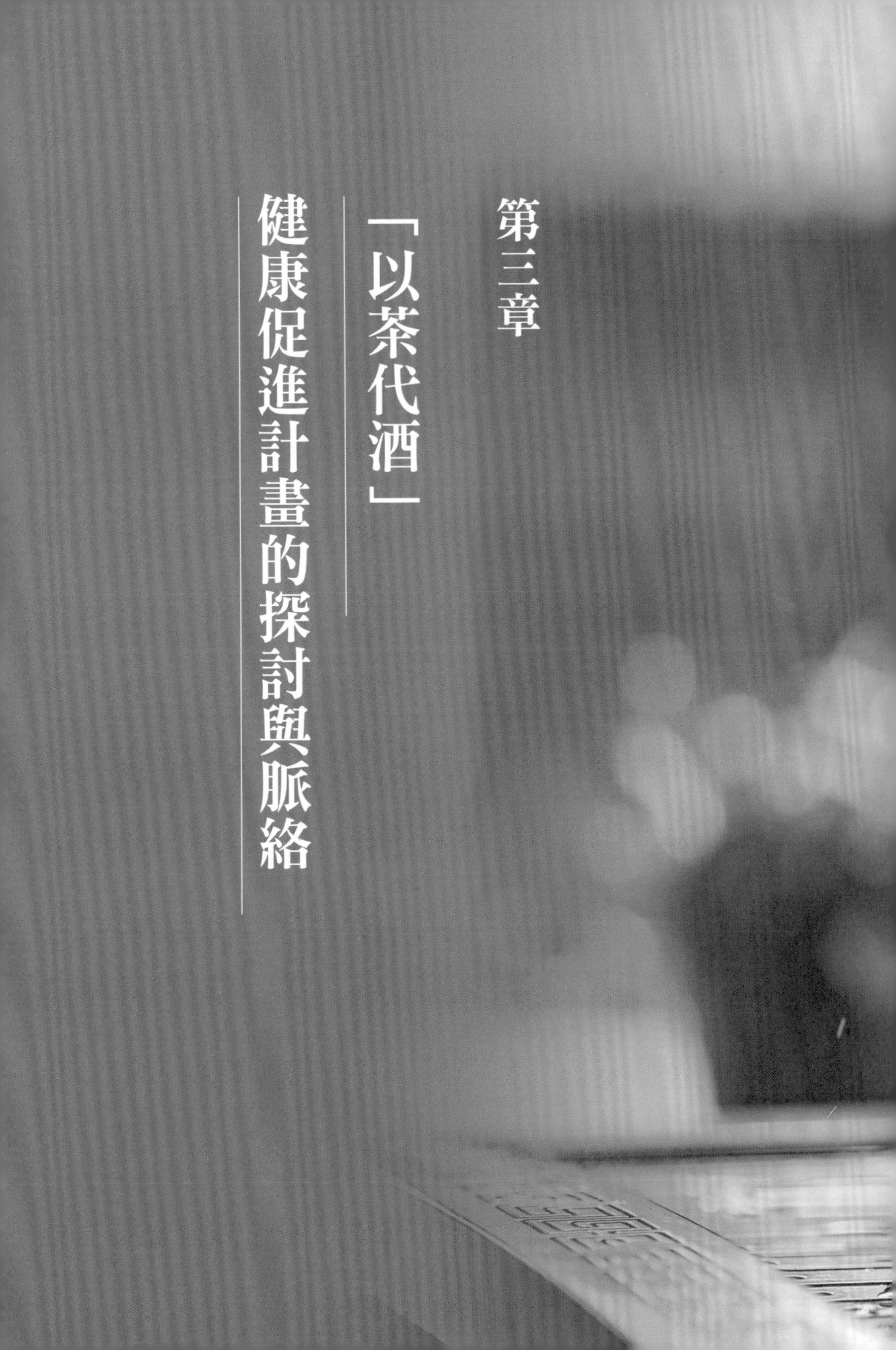

第三章

「以茶代酒」健康促進計畫的探討與脈絡

一 誠懇發心，順緣而行

要到原鄉去協助鄉親走出酒精依賴，要注意的是酒與原住民長期以來的文化連結，因為小米酒長期以來和原住民鄉親有很特殊的關係，雖然我們都知道這特殊的關係是建立在酒是族群與祖先或祖靈的一個對話橋梁，而不是朋友彼此見面就以酒會友的關係。以前原住民雖然小米產量不多，但每逢豐年祭或婚喪喜慶，族人就特別釀製小米酒來祭祖，告知祖先今年有這麼豐收的作物要感謝祖先的護佑，或要嫁女兒娶媳婦，也經由小米酒來告知祖先，祈求庇佑。

依據文獻的紀錄，事實上早期原住民在祭祖時的小米酒，規範也非常嚴謹，沒有耆老的點頭，年輕人是不能喝。但自從日據時代，菸酒公賣之後，酒隨處可買到，酒在原鄉逐漸失去原有的神聖價值，由於原民鄉親的豪邁共享的天性，無形中造成了喝酒過量，造成健康問題、經濟力薄弱、酒駕意外與家暴增多等問題。

但無論如何，當我們走到原鄉要跟民眾說不要喝酒，如果不很謹慎，很可能會引起所謂文化思維的對立，尤其就宗教的角度，慈濟是一個佛教團體，而原鄉大多是基督教與天主教，這又是一個不同宗教可能導致的排斥。但證嚴法師告訴我們，只要我們用誠懇的態度，真誠地為原民鄉親好，真心為他們的健康來思考，我們就不怕人家如何以不同的角度來看待這件事。這是本方案要邁出第一步，團隊先要有的心理建設。

二　「以茶代酒」定調的過程

其次，團隊走入許多部落互動，如果要吸引更多鄉親過來參與分享，分享時間不能太冗長，否則會造成未來推動的障礙，內容要能吸引鄉親，同時也要有適當的「結緣品」。結緣品的想法是部落村長、協會理事跟團隊提出的。當團隊與部落村長探討如何邀請更多的村民來聽「以茶代酒，遠離痛風」分享時，景美村陳村長跟團隊說，原鄉部落長期來如果要開會或有部落聚會，為了要多一些人來參加，都會買一些沙拉油、洗衣粉等生活用品來做贈品或結緣品。團隊對結緣品開始做規畫探討。

探討中，想到原住民鄉親平常聚在一起談天說地是原鄉民眾的天性與樂趣，這是源於早期原住民耕作狩獵，共勞共享的傳統習性；而從日據時代菸酒公賣之後，酒就成了族人聚會不可缺少的助興媒介。現在我們因為看到酒在原鄉所造成的健康問題，甚至因酒的四大害所造成的家庭貧病，希望部落族人節制飲酒，不要酗酒，就要提出一個好的、健康的飲料。而以這種飲料來作為結緣品，這樣一方面可以解決所謂結緣品的問題，另一方面也可以提供原民族人聚會時一個共同的好的飲料。於是團隊將甚麼是「好的、健康的替代性飲料」及「結緣品」連結思考。

經過努力尋找，團隊找到「綠茶」對高尿酸族群的原住民是最適當的，美國有一本《一百種健康營養素完全指南》中提到「由於綠茶含有豐富的類黃鹼與多元酚，因此可以抑制黃普林氧化脢（xanthine oxidase），這種酵素負責尿酸的產生，而減少體內尿酸，是防止痛風的方法之一。」其中也提到茶的代謝產物不堆積在體內，適量的飲用可提高攝水量、加速尿酸排泄（法蘭克．莫瑞，2002）。

但團隊一定會強調，如果有痛風的症狀，一定要找醫師。此外，喝綠茶對尿酸高的人是一種比較好的飲料。而且，除了綠茶本身在科學研究上的功能之外，最重要是要讓高尿酸的原住民居民多喝水分，對高尿酸族群也是一種好的生活習慣。

所以團隊提醒民眾每天只要用一包綠茶的茶包，慈濟會提供他們每人一盒一百包的綠茶茶包，足夠三個月的量。而三個月後，團隊再回來跟已參與過健康促進分享的鄉親見面，聽他們分享喝茶的經驗，並看他們是否對喝茉莉綠茶能夠習慣，以及沒有喝酒、多喝茶之後，自己健康與生活上的改變。

慈濟也利用這三個月可以回來與鄉親互動的機會，與原住民鄉親多做互動。這樣每個部落幾乎一年能夠四次的互動分享。本方案於是定調為「以茶代酒」健康促進活動，經由團隊設計的「以茶代酒」分享帶動原鄉族人來節制飲酒，讓原鄉民眾對喝酒過量造成的健康與酒害問題能有普遍了解，勇於與族人分享，共同為族群的永續健康發展努力。

本方案取名「以茶代酒」，還有一個好處，它可避開「節酒、戒酒、不喝酒」的敏感議題，以免讓民眾一下子就起了抗拒的心態，也希望讓民眾能琅琅上口，文辭通俗，便於流傳，並且希望達到口耳相傳。

三　培力社區，形塑在地動能

一個因喝酒過量而導致痛風與肝病人口如此普遍的部落，已經不是去找出一些有酗酒問題的民眾給予治療，或者針對這些個人去開戒酒班就可以解決問題。

團隊是可以協助酗酒個案到醫療機構戒斷治療。但如何能在族群防微杜漸，從源頭讓所有民眾都了解酒害的問題，形成一個「社區集體的力量」，自然酗酒的人會越來越少。另一方面，如果酗酒者沒有整個認知上的轉變，更沒有整個部落人人共識的形成，就像前面第二章既有的節酒經驗所陳述，很快地，回到部落，酒伴又來找聚酒，馬上又喝起酒來。

所以團隊在這方面，開始去思考整個部落如何能夠有股集體力量，讓部落大多數人有健康的意識去營造好的環境與形成一股動力，讓每個族人從小孩到成人，人人有健康的認知，養成健康的習慣，如此除了可以防止酗酒與痛風人口不斷的產生，也可以為已經有酗酒習慣的人，營造一個有更多助緣的健康環境與支撐力量。

所以團隊首要目標是讓大多數部落的鄉親形成一股健康生活的集體力量，為了族群的永續發展，為了自己的下一代，大家一起來帶動健康的生活，以茶代酒，擁抱健康。

這也呼應了世界衛生組織渥太華憲章（Ottawa Charter）所提出的促進健康的幾項優先策略，也就是引發社區支持健康的力量，加強社區健康的行動，與發展個人的知能（WHO，1998:2）。所以本計畫在協助部落推動部落健康促進上，是由部落民眾對喝酒過量嚴重影響健康的認知開始，不是「從上而下」的政策性推動健康的促進，而是「由下而上」，從基層民眾的健康認知與行動蘊釀。

至於直接由村鄰長或耆老來運作的帶動原因，在於最基層的村鄰長可幫忙凝聚較多的人，讓本計畫的運作能於相同的時間更快速的與更多的部落族人去除陌生的面紗，能與更多的居民做更多的接觸。此外，部落裡自我保護意識越來越強，經由村鄰長可多少去除這方面的疑慮。這種「由下而上」的觀念與社區的培力有較多的連結，較重視對整體部落民眾力量與能力的增進。

四 實踐、評估與調整

Dawn Freshwater（2005）在他〈實踐的行動中來改變和改進習慣〉一文中提出「今日健康照護的發展，是在強調行動研究來改變和改進習慣。」而在本計畫中，團隊正是針對原鄉部落，在健康的營造上，經由實踐的行動過程中，不斷與在地居民對話，勇於探討，與部落居民共同產生改變現況，重塑健康的新生活思維，讓他們在疾病侵襲自己的健康之前，有更多健康的認知，了解如何去養成健康的生活與飲食習慣，在就醫習慣上也能有更正確的就醫認知。

行動式研究先驅者 Lewin（1946）認為「要將實踐的行動看成是一種類似民主的方法與原則去改變社會不佳的現況與習慣。」因為實踐的行動中，會產生正向的知識和改變社會的方法，而它最好的就是不受任何形式的拘束和達到培力目的。

Dawn Freshwater（2005）在實踐行動中，也提出了反思性（reflexivity）的概念，也就是在實踐行動中同時描述和建構社會情境。這不只是以批判科學的角度盡可能去對批判的對象給予評估，也要對實踐帶出反思的行動。同時不只是需要對實踐去思考，也要實踐者去反思他們如何去思考實踐。他認為實踐行動者從計畫、行動、觀察到反思形成一個行動的週期。實踐行動者是協調者，自己設計方法、活動、收集資料，活動之後，會不斷地檢討反思「結果」和「目標」是不是吻合。

實踐行動的特色在於批判性的反思與實踐中的方法改善。實踐行動本質上是全方面啟發性的，對不同層面需要不斷反思。評估的過程包括兩個階段，第一階段是分析問題、建立假設，第二階段是尋找解決方法

（治療階段），驗證假設。實踐行動產生了一些結果與資料是不夠的，還要去幫助在地參與者了解自己特殊的處境，並且付諸行動去尋求改變得更好。

推動團隊在本計畫中，除了採上述的實踐行動的思考模式，也運用了訪談、田野調查、參與觀察、焦點團體法、資料的分析等。資料的分析是為了對部落多一些了解，嘗試去尋找一些能提升對族人的凝聚與信心的原鄉傳統文化，在與部落族人共同推動部落健康營造的同時，激起與重建原鄉傳統的自信與活力。

田野調查是希望能多了解與掌握一下部落實際的健康狀況，並在對話當中了解他們的認知與需求。但最重要的是，從實際推動部落健康促進的工作中，觀察與參與當地部落傳統文化在部落裡再現的發展狀況，融入專案推動的元素。

比如在光復鄉太巴塱部落仍然保持著嚴謹的社會階層，並嚴謹地落實在當地阿美族鄉親與外界接觸的任何部落健康、社區安全的議題；布農族鄉親如何經由傳統的射耳祭祭典以及報戰功與八部合音來凝聚與傳達族群永續健康發展的議題；以及太魯閣族經由織布的手工藝、傳統文化的歌舞劇成為凝聚族人的心與共識等。並利用與村鄰長、部落協會、婦女會等組織做焦點團體工作坊，推動部落健康促進培力的工作，共同推動部落永續結構性的正向的改變與實質健康上的改善。

五 「以茶代酒」五大主軸

以茶代酒方案分享內容的結構，能不能讓原民鄉親認同與接受，如何能變成一股健康促進的風潮與動力，是規畫分享內容很重要的部分。團隊想到有關飲酒所造成痛風的衛教內容，所有族人平時就醫看病時，或族人病痛時與家人在家準備三餐時都會去提到一些高普林食物，原鄉族人都清楚這方面的常識，團隊如何在有限的時間去讓族人留下深刻的印象，有些醫事人員常叮嚀的衛教資料就要有所取捨，所以團隊定調的行動主軸將相關結構探討如下：

一、透過對話，協助審視現況

以茶代酒分享的內容結構首先思考到，要讓原鄉民眾先清楚看到當下自己所處部落民眾的健康與生活狀況，並勇於與部落族人共同一起探討。為什麼有這麼多族人有痛風與痛風石？為什麼有這麼多的家庭造成酒駕意外的悲劇？為什麼有這麼多族人一喝酒就不省人事，無法工作？為什麼族人一喝酒就造成家暴問題？自己所處的社區與環境能不能更好？甚至於探討早期自己的祖先也存在這些問題嗎？

通常民眾處在一個社區型疾病、或受壓迫的環境，或充滿危險因子的環境，會下意識去適應它，習慣它；除非有一個特殊的衝擊與喚醒，才會從迷惘中驚醒過來。現在專案團隊要扮演的是一個與原鄉熱心的族人共同一起喚醒族群邁向健康生活的角色，也許旁觀者清，不只是用在下棋上，在這一個健康議題上，也是很清楚有著當局者迷的情況。

很明顯許多原鄉部落是存在一些危害健康的因子，那就是這些部落族人習慣有事無事就喝酒，甚至聚在一起喝酒，這些危害健康的因子也許民眾走出門就很容易看到它在那裡；也許有許多家庭早上一張開眼，這危險因子就在眼前。這種情境很容易讓人習以為常，大人習以為常很容易慢慢喝酒成癮，降低工作能力與失去對家庭與工作的責任心；小孩習以為常，就會有樣學樣。

當因喝酒所帶來的痛風、肝硬化乃至多重的疾病上身，酒癮早就控制了這個人，喝酒就是在不知不覺中陷入酒癮當中難以自拔。當一個人有了酒癮之後，不管愛你的家人如何苦口婆心地勸告，不管專業醫師如何一再地叮嚀，根深蒂固的酒癮已難拔除。

而個人失去健康後續接踵而來的是失去工作，無法專心工作，甚至不想工作，整個家庭失去了經濟的來源。而地廣人稀的原鄉，部落與部落之間距離深遠，喝了酒之後搖晃騎著摩托車回家，時常造成酒駕意外，不是嚴重受傷就是脊椎損傷，而酒駕意外所造成的嚴重脊椎損傷者，從一個家庭經濟的支柱變成家庭與社會的負擔；更甚者生命就此結束，讓孩子們在最需要支持的幼小時光失去了支柱。

而酗酒後的家暴問題也一直是部落長久的問題，專案推動團隊曾多次在偏鄉原鄉舉辦「校園健康生活一日體驗營」，除了分站做各種不同的健康教育，包括常見疾病的預防，口腔保健，毒害蟲咬傷緊急處理，也嘗試性地讓學童表演「我的家庭」話劇，由他們自編自導。有許多部落的小孩非常寫實地將父母平時的關愛演出之外，讓大家感受很深刻的是，學童們將父母在喝酒後的失態，孩子們躲到一旁以避免遭父母的毆打，演得維妙維肖。如果沒有酗酒問題，原鄉的孩童將會過得更加幸福。

慈濟團隊與部落深入訪談，與部落熱心鄉親包括村鄰長、協會理事長，與退休公務人員共同探討，這種訪談與探討，也是一種共同推動以茶代酒夥伴的建立，因為訪談探討中，原本無奈，默默接受既有現狀的鄉親，看到有人願意來為社區與族人做一些改變與努力，都表示很願意支持這個專案。

而在與村民訪談探討中，村裡一些熱心居民告訴慈濟團隊：「雖然很多酒癮的鄉親知道酗酒造成他們今天失去健康與經濟的困頓，不能再喝酒，不該酗酒，但還是持續喝。有了酒癮之後，想要戒酒真的很不容易，當他們要戒酒，大多肝硬化、痛風都已經非常嚴重。」

所以推動專案的簡報分享，第一個結構是要讓原鄉民眾看清楚自己現在所處的生活環境，為何許多族人青壯年就失去健康，為何許多族人無法有穩定的工作，為何酒駕意外那麼多，為何家暴那麼頻繁。並讓鄉親們知道，喝酒很容易無意間陷入酒癮的習慣而無法自拔，所以我們要改變這一個幾十年來部落存在的健康問題，我們要從防微杜漸來著手，也就是大家要共同來推動「人人健康飲食，以茶代酒，擁抱健康」。

二、重現酒的文化價值

一般原鄉民眾，甚至現在中壯年的原民鄉親，一提到酒，就會與原民的傳統文化做連結。團隊與原住民做了訪談，有許多現在已經三、四十歲的年輕人，他們對酒的觀念，很多是從小就看著長輩喝酒，長輩親朋好友來訪就一起喝酒助興，甚至十多歲時，長輩就邀一起嘗試喝酒，他們的認知就是在成長生活中的認知。所以「原住民酒的傳統文化」在某些原民鄉親的了解是以酒會友，早期原住民嚴謹的生活規範，酒神聖的價值漸漸被淡忘掉，即便現今許多部落仍有豐年祭，但生活中長輩親朋的以酒會友的生活經驗已經錯亂了。

甚麼是原民神聖酒的文化？當我們翻開文獻，早期的原住民社會規範非常嚴謹，酒的文化是建立在原住民族人與祖先或祖靈溝通的橋梁上，每逢豐年祭或婚喪喜慶，早期原住民就釀小米酒來告訴祖先，感恩祖先的庇佑才有了今年的大豐收，或告知祖先今天要嫁女兒娶媳婦。小米的產量本來就不多，而且特殊的日子才會釀製，所以早期原住民社會，酒是一種族人與祖先溝通的橋樑，是族人要禮敬祖先，感恩祖先，才會提前用小米來釀製小米酒。也因為釀製小米酒的時機與場合特殊，尤其，祭祖之後的小米酒，只有耆老可以喝，如果年輕人要喝，要耆老點頭同意。

那是何時神聖的酒失去了它神聖的價值，而變成原住民鄉親以酒會友的助興飲料，甚至成為造成原民鄉親失去健康的濫觴？一八九五年日本殖民政府統治臺灣，日據之初，日政府為了財政稅收，一九〇七年開徵酒造稅，一九二二年，日本殖民政府頒布酒的專賣，而原住民自釀自飲，雖然未受到當時日本政府的禁止私釀，但隨時到處可買到的「公賣酒」已逐漸讓酒逐漸地失去神聖的色彩。

國民政府來臺後更加嚴厲執行酒專賣政策。此後菸酒公賣局體系便名正言順地進入原住民部落社會，今天，在原鄉部落到處可看到一些「公賣局菸酒」的招牌，門口都疊滿了一箱箱的公賣酒。政府資本機器量化生產與專賣，不只原住民神聖「酒」尊重的價值意義消失了，酒也成了隨手可買，隨時可喝的世俗商品，這種對酒的觀念與飲酒習慣的轉變，成為後來每當原住民因經濟上的壓力與工作不穩定，或出外謀生人際關係困難時，逃避現實，藉酒精神遊，讓心情得到解脫的一種寄託。

所以團隊第二個重點要肯定與闡述早期原住民傳統文化中酒的神聖價值與嚴謹的生活規範。讓原民鄉親了解今日原鄉大量痛風與肝病變是在無可抗拒的歷史變遷的洪流中，統治者的公賣酒的政策帶來族群健康與家庭的悲劇，族群因為公賣酒而失去酒的神聖的價值，導致許多族人因為喝酒而不知不覺中陷入了酗酒的習慣，造成許多青壯年人口因此而失去健康與生命。並邀請熱心的族人共同一起找回族群的健康與永續發展，也期待經由健康生活的認知，增加族人對自己與家庭的責任感，進而改善原鄉經濟與生活。

三、以史鑑今，向先民看齊

原鄉今日與百年前的健康狀況有著明顯的對比，從歷史變遷中來看因酗酒而導致原鄉痛風人口偏多，就是今昔最大的對比。如同第一章所述，當我們翻開史頁，會發覺在日本殖民進來原鄉山區之前，山上居民是健康和樂的。

一八八五年左右基督教長老教會的傳教士馬偕到次高山（雪山）想以西方進步醫療傳教，他曾讚嘆的說：「山上清涼的氣候，原住民族少有疾病，因此，不需要外來的醫療資源。」他又說：「我和次高山附近的原住民同住了數星期，發現他們幾乎都是健康的。」（引自藍忠孚，許木柱，1992:31）如果當時已經有許多原民族人有痛風、痛風石，或因酗酒肝硬化而腹水起來造成生命的威脅，馬偕博士不可能沒看到，也不可能講這兩段話。

一九一〇年，一位日本軍醫調查「蕃」人的體格及營養狀況，感慨指出：「一般生『蕃』雖難言營養良好，然體格皆比日本人及臺灣本土人良好，概因為他們從幼年起習慣粗食，且住在空氣新鮮的山地，及從事適當的勞動。」（引自范燕秋，1998:148）。

所以很清楚的，在日據之前，所有文獻並沒有提到原鄉有過多痛風人口的問題。但現在許多原鄉部落痛風、痛風石所造成行動不便的人口，以及因為喝酒過量造成肝硬化的原民鄉親比比皆是，就形成很強烈的對比。以肯定早期原鄉祖先們嚴謹的社會規範，與原民共享祖先的榮耀，並以此共同推動與營造健康的原鄉。

四、醫學佐證，有效建構健康觀念

有多位學者提出酒精過量嚴重影響健康。醫學博士陳清朗醫師提出「酒精會妨礙尿酸排泄，而導致血中尿酸值會升高」會導致痛風與痛風石的發生（陳清朗，1991:105）；葛應欽也指出高尿酸血症與過量飲酒導致尿酸代謝途徑 **HGPRT** 酶基因的缺陷（葛應欽，2001:2-8），這些都說明了造成了原鄉痛風流行的癥結所在。

團隊並請教許多專業醫師，酒精依賴與飲酒過量與各種疾病的關係，諸如飲酒過量與高血壓、心血管疾病、胰臟炎、腎臟病、糖尿病、肝病、肺結核等都有密切關係。而醫師都會表示，痛風甚至痛風石，只是表徵，它代表的是所有內臟都已產生病變與健康的警訊。

團隊在原鄉訪談與探討酒害問題的過程，一般原鄉成年居民對高尿酸、高普林食物都有一些基本的了解，這是因為痛風與許多慢性病的鄉親就醫或定期成人健檢時，醫療人員常跟這些鄉親做相關的衛教，但這種衛教與認知並未對患者造成遏阻，因為醫療是末端的照顧，所以很多人已經養成了酗酒的習慣，酒癮已形成，才到醫院尋求解除病痛的幫助，不管醫療人員如何苦口婆心地勸誡，患者都認為是對目前自己疾病的消除應注意的叮嚀，但往往酒癮戰勝了習慣的調整與改變。

尤其，部落大部分的鄉親與部落的青少年並沒有接觸到健康的訊息，從族群酒害防微杜漸的角度，從整個族群消除酒癮人口的預防，尚需要有一股更積極的力量與行動。原鄉整體居民在健康上想要有全面的改善，只依賴末端醫療照顧與治療是無法消除的。還需要有更完整的健康促進計畫進入到原鄉，加強原民鄉親對酒害的認知，並將正確健康生活的觀念深植到所有原民鄉親各年齡層，才可達到防微杜漸，族群永續健康的發展。

五、提供替代品，實際體驗變化

從傳統文化與習俗來看，原民鄉親是很重視共勞共享，部落族人一起狩獵，有了獵物就部落一起共享；婚喪喜慶，整個部落一起同慶或關懷。即便到了今天，許多原民部落，只要有人嫁女兒娶媳婦，所有事情都可放下，前往一起慶祝；只要有喪事，喪家附近因為公祭幾乎擠得水洩不通。雖然今天家庭經濟的模式已有了不同，但族人豪邁聚在一起喝酒聊天是很普遍的。當我們希望原民鄉親如聚在一起，不要喝酒，我們就要為他們找一個替代的健康飲料。

如前文所述，「綠茶」對高尿酸族群的原住民是最適當的，美國《一百種健康營養素完全指南》中提到「由於綠茶含有豐富的類黃鹼與多元酚，因此可以抑制黃普林氧化脢（xanthine oxidase），這種酵素負責尿酸的產生，而減少體內尿酸，是防止痛風的方法之一。」其中也提到茶的代謝產物不堆積在體內，適量的飲用可提高攝水量、加速尿酸排泄。喝綠茶對尿酸高的人是一種比較好的飲料。而且，除了綠茶本身在科學研究上的功能之外，最重要是要讓高尿酸的原住民居民多喝水分，對高尿酸族群也是一種好的生活習慣。

所以慈濟團隊規畫提供他們每人一盒一百包的綠茶茶包，並提醒每天只要用一包綠茶的茶包，所以每次贈送的茶葉足夠三個月的量。而三個月後，團隊再回來跟已參與過健康促進分享的鄉親見面，聽他們分享喝茶的經驗，並看他們是否對喝茉莉綠茶能夠習慣，以及沒有喝酒多喝茶之後自己健康與生活上的改變。慈濟也利用這三個月可以回來與鄉親互動的機會，與原住民鄉親多做互動。這樣每個部落幾乎一年能夠四次的互動分享，帶動原鄉族人來節制飲酒，讓原鄉民眾對喝酒過量造成的健康與酒害問題能有普遍了解，勇於與族人分享，共同為族群的永續健康發展努力。

第四章

花蓮「以茶代酒」健康促進紀實

花蓮雖然幅員很大，但原鄉居民並不是住在高山，而是都在山腳下的狹長的平地。團隊規畫由北而南，由西而東循序推動，先逐步走入秀林鄉各個村。進入原鄉部落要推動改變一個長久已來在各社區大家習以為常的飲酒習慣，是很大的挑戰。慈濟推動團隊的信心是建立在證嚴法師常開示的「信己無私，信人有愛」。

「信己無私」，團隊秉持的是沒有一絲一毫是為自己的利益，完全只在為原鄉居民的健康，以及健康行為之後所帶來的家庭經濟提升，家庭暴力減少，酒駕意外不再。「信人有愛」，團隊所思考的是只要能好好跟部落的熱心菁英說明、溝通，為了族人的健康、社區的生活品質以及重塑族群的榮耀，每個人應該會盡力協助以茶代酒活動的推動。

一 走進部落，傾聽真心

慈濟團隊二〇一〇年元月先到就近的幾個村落，佳民村、景美村與水源村做田野的工作，聽聽部落的聲音。

團隊首先拜訪佳民村林智勇村長，佳民村林智勇村長是非常有心的村長，他邀請了村落的菁英、熱心人士像鄰長、村代表、部落主席與退休的公務人員等。在對話中，團隊首先詢問大家，大家眼中的佳民村，某位熱心的鄰長表示，村裡有許多青壯人口，有田地的就種山蘇，沒有田地的以板模工、及割草等打零工為主，閒來沒事常聚在一起喝酒，或彼此找酒伴就喝得爛醉；有的早上起來喝酒、中午喝酒、晚上也喝酒，很少看到他們清醒著，村里有不少破舊的房子，有的拿個長板凳就醉躺在那裡，整天爛醉。這也是村裡很困擾的事。

有人嘆口氣說：「節酒的推動原民會已經好久好多次，這些喝酒過量的人就是這樣我行我素，我們當然希望部落族人能改變，如果一個人要放棄他自己，我們也無能為力。」有一位退休的公務人員說：「部落有穩定工作的比如當老師、政府機關、護士、警察、從軍或民意代表等也是不少，他們大多生活比較能節制。但是不可否認，部落有不少家庭是依賴工地板模工或割草等零工維生，他們工作不穩定，就很容易聚在一起喝酒。這些人口是不少。為了我們的下一代有正確的生活態度，人人有健康的生活認知，社區品質才會好，族群才會永續健康。很需要來引導喝酒過量的族人，重新喚回他們的健康，挽回他們幾乎放棄的生命。」

與會團隊把握機會很簡單扼要地把「以茶代酒，健康促進」做了介紹，現場很多人都很認同，有人表示：「我們早期族群與耆老給我們的教育是這樣沒錯，但原來喝酒與痛風及健康是這麼密切，還是第一次聽到。」

慈濟團隊進一步說：「我們這次邀大家就是為了要結合大家的力量，如果我們在我們社區有支持『以茶代酒，健康促進』的正向力量，才可讓我們的下一代了解怎樣的生活方式才會讓我們身體不會遭到酗酒的傷害，如果我們此刻不努力，我們的下一代還是會被酒所害。我們團隊雖然不是與大家同一個族群，不是同一個社區，但為了我們佳民村族人大家的健康，也為了大家的下一代，我們在這個晚上到我們村落來，不為別的，就是希望大家都健康，不被酒所束縛，也為了我們的下一代有一個健康的生活認知，以及更好的生活。」

會議中也提到，在部落宣導想要有好的成效，有更多的村民來參加，白天的效果較差，因為上班的上班，打工的打工，他們下班回來還要梳洗一下，用個晚餐，所以大多宣導場次都需要安排在晚上七點半效果才會好。佳民村這次的溝通與交流，是團隊走進許多原鄉部落常碰到與鋪陳的過程。

接著慈濟團隊在社區走訪許多家庭，在佳民村二鄰發覺有一年輕人拄著枴杖，告訴慈濟團隊，他一直酗酒很嚴重，後來因為心血管的疾病，進醫院動手術，醫師警告他喝酒喝太多了，再喝可能就沒辦法再見家人了，所以他現在已經不敢再喝了。慈濟團隊問他，為甚麼拄著枴杖？他說，很不好意思，從朋友家回來出了車禍。

另外，慈濟團隊又在五鄰看見一個年輕人走路一拐一拐的，年齡也差不多三十多歲，與母親相依為命，團隊問他，怎麼了？他指著紅腫的腳說痛風發作，團隊就趁機跟他略微地介紹痛風的原因，他很專注地聽；

團隊問他：「如果慈濟有一個『遠離痛風，擁抱健康』的分享，你會來聽嗎？」他表示一定會來參加。

慈濟團隊也到景美村拜訪，徐美智村長為人親切，以前是慈濟醫院放射科的職員，所以就倍感親切。徐村長邀了一些很熱心的部落志工以及鄰長們，當慈濟團隊聽完大家說出了多年來部落裡，酒所帶給他們家人，帶給族人以及下一代的傷害，就跟他們說明來意，並扼要的說明「以茶代酒，健康促進」的用意，是為了讓村落鄉親大家了解酒害，讓族人更健康，讓家庭更美滿。

徐村長以原住民幽默的口吻說：「很好啊！慈濟要來做以茶代酒健康促進的宣導，很好，而且很需要。我告訴你們，我們村里都快變成寡婦村了，很多先生都離開了，都是喝酒啊！而且，我們男人特別會懷孕！」團隊問徐村長為什麼男人特別會懷孕，徐村長回答說：「村裡很多男人喝酒都喝到肝壞掉，腹水起來，就像大肚子。」

團隊從村長的協會辦公室出來時，看到對面有一位年輕的村民，滿手都是痛風石，團隊就利用機會告訴他痛風石的形成與酒有很大的關係，如果他想離開痛風所帶來的疼痛，就不要喝酒。跟他訪談後才了解，他自從女朋友離開他之後，就不斷喝酒，後來不但無法繼續工作，打零工都斷斷續續。這一個案例，是一個標準在工作職場、工作尋找、情場失意等挫折之後，就喝酒過量，造成酗酒成癮的常見個案。

水源村也是慈濟教育園區旁的村落，平時的互動也多，王沈芳村長，做事積極，對慈濟推動團隊的拜訪，她很具體地分享！「平時在黃昏時刻，大馬路旁與巷內就有很多村民都聚在一起喝酒，給青少年很不好的示範，有的父母親喝酒，青少年也有樣學樣。」慈濟團隊走訪很多各部落的菁英，大家給的部落印象都類似王村長所分享的，都以為這樣喝酒就是他們的文化。當他們長大到外面打工，一下工也都聚在一起喝酒，而喝酒常會不知不覺就上癮；也許在他們成長過程到喝酒成癮，從來沒有人告訴他們喝酒很容易不知不覺間成癮，喝酒成癮之後會影響他們的工作態度與機會，也會影響他們的健康，更會因為喝酒成癮之後很容易酒駕意外，造成整個家庭的不幸。慈濟團隊也用電腦跟王村長做簡報介紹以茶代酒，王村長覺得非常好，希望能逐鄰舉辦以茶代酒才會讓村民都有機會聽到。

二 秀林鄉 以茶代酒試風向 鄉親熱情燃希望

以茶代酒健康促進的關懷行動從二〇一〇年十月由北花蓮秀林鄉佳民村、景美村與水源村開始推動。

佳民村：三進三出，回應熱烈

以地理環境來說，佳民村整個村落就在一條綿延兩公里的道路兩旁，人口集中，八個鄰，鄰鄰相依，所以慈濟團隊很容易與村民互動。交通上也很方便。經過部落的訪談與村鄰長的溝通交流之後，慈濟團隊於四月中旬開始每兩個鄰做一個健康促進的宣導。第一場在第二鄰鄰長家的屋前大院，民眾來了三十多人，部落裡很少辦類似的活動，雖擺了近

二〇一〇年十月佳民村第一場以茶代酒，現場居民反應熱烈，願意一起推動以茶代酒。（照片／慈濟基金會慈發處提供）

三十張椅子，還是有些人沒位置站著聽，當慈濟分享完簡報後，開放給民眾發問，現場反應甚為踴躍。

有位耆老舉手分享：「今天慈濟的分享，我可以見證，我的父親輩、祖父輩，沒有聽過有痛風的，我也覺得很奇怪，為什麼現在常常聽到這個痛風，那個痛風，我們族人喝酒喝得太不像話，每個月都有青壯年的走了，我們要重視這個問題，我們不能做壞榜樣給我們的小孩看，今天慈濟的分享我很認同，大家一起以茶代酒。」

這天晚上是第一場以茶代酒，耆老的回

饋與所有鄉親欣喜正向的反應，給了慈濟團隊很大的信心。隔一個星期，第二次的以茶代酒健康促進宣導，在長老教會的主堂旁邊空地，擺了幾張長板凳，現場來了三十多人，大家聚精會神地聽著慈濟團隊的分享。當慈濟做完簡報後，就問現場鄉親，大家願不願意把今天聽到的喝酒過量容易導致痛風、肝硬化，大家一起喝綠茶的健康資訊告訴家人、族人？現場的鄉親都異口同聲：「願意！」慈濟團隊問：「願意的舉手！」所有的鄉親都高舉起右手。

慈濟團隊也訪問了現場林姓鄉親，他對著鏡頭高喊著：「我要當戒酒的志工！」村長也站在最後面用心聽分享，看到現場反應這麼踴躍，告訴團隊這活動很有意義，族人的反應也很好，以後希望在村裡要多多舉辦，看能不能讓那些成天喝酒的鄉親，慢慢地少喝酒。

這晚的活動對象是三鄰、四鄰的居民，可是現場來了一位二鄰的婦

佳民村在幾次以茶代酒宣導之後，定期每三個月在籃球場舉辦「以茶代酒」見證分享，社區居民與慈濟人同樂。（照片／慈濟基金會慈發處提供）

女帶了她的二兒子，她表示她兩個兒子都有喝酒的問題，一定要大家幫忙，讓她的兩個兒子改掉喝酒的習慣。

這一天也來了三十多位村民，連基督教長老教會的牧師也到場，在聽過慈濟團隊簡報分享後，就跟團隊表示這樣的戒酒宣導希望能在星期天上教會的時候，請慈濟團隊來分享，團隊謝謝牧師。

最後三個鄰參加第三場的以

茶代酒健康促進宣導的村民，來得比前兩場更踴躍。這一天最令團隊高興的是雜貨店老闆娘來詢問：「這個茶葉可以訂貨嗎？」團隊問她：「是要做甚麼？」「我是開雜貨店的，我想我的店裡也應該要賣你們的綠茶，如果有村民要買，我可以提供給他們。也鼓勵他們多喝綠茶。」團隊告訴她，「慈濟只有送綠茶給鄉親，也是送健康給鄉親，並不賣綠茶。但如果老闆娘這麼有心也一起推動，我們會給你廠商的電話，妳再直接跟他們訂貨。」

在經過全村分區的以茶代酒健康促進宣導，百多人參加之後，部落的鄉親大多已清楚「以茶代酒，擁抱健康，遠離痛風」推動的意義，日後，每三個月只要一而再，再而三地舉辦以茶代酒相關活動，村民就會傳開，以茶代酒的觀念就會慢慢在部落扎根。

就如前面所述，佳民村大多住戶就在一條主街兩旁，平常全村有大型活動，就會到村中間的大籃球場舉辦活動。所以慈濟團隊就定期在球場舉辦整個社區「茶香話社區」活動，村長、協會、鄰長會協助邀請村民來參與「以茶代酒，健康促進，遠離痛風」的交流分享。定期舉辦的茶香話社區，團隊會做以茶代酒健康促進的複習以及居民的以茶代酒經驗分享，這樣的重覆性推動，讓原鄉居民由初次分享當下一時的心動，而逐漸變成為一種生活的習慣與健康認知的不斷提醒，讓整個部落居民對酒害能形成覺醒的動力。

慈濟團隊為了同步能了解部落民眾健康狀況，每次報到時除了簽名，也有痛風、心臟病、高血壓、糖尿病等常見慢性病的勾選調查，並對有酒精依賴的鄉親建立關懷名冊，與協會或村辦公室做後續關懷與引導。

景美村：村長帶頭相助，事半功倍

二〇一一年景美村以茶代酒健康促進宣導，居民熱烈響應，要將健康福音帶給家人與族人。（照片 / 慈濟基金會慈發處提供）

景美村的以茶代酒，不同的村落有不同的因緣，景美村有兩個部落，一個是加灣，一個是三棧，徐美智村長有不錯的團隊，有熱心的志工，也有熱情的族人，從二〇一〇年每次團隊到景美村加灣部落，村民總是非常熱情，所以在加灣推動以茶代酒有許多的助緣。

徐村長也同時是社區營造協會的理事長，協會有不少熱心的志工，而徐村長的村辦公室有許多的熱心鄰長，也是一股熱心志工的力量。所以，每當團隊到加灣宣導「以茶代酒」，總是有許多熱心鄰長與在地鄉親志工做事前的宣導與現場報到服務。

二〇一一年四月十四日，第一次景美村加灣部落舉辦以茶代酒健康促進活動，活動中心擠了滿滿八十八位鄉親，雖然鄉親來了這麼多，但從現場的座位擺置、報到處的服務，座位的引導，井然有序，可見徐村長與她的團隊多用心的宣導，即便是第一次宣導，鄉親就這麼踴躍。

徐村長表示，第一場全村的宣導，反應非常好，建議未來每兩三個鄰來舉辦，效果會更好。於是五月四日一、二鄰在活動中心舉辦一場，又有四十位鄉親參加；五月十九日三、四鄰舉辦有三十四位參加；六月九日五到七鄰又有六十三位參加。

景美村第九鄰在景美舊火車站往北一點，距離加灣活動中心較遠，沒辦法到活動中心，慈濟團隊當晚到該社區，就在社區事務組長家宅，架起投影機與現場二十七位鄉親分享。

在這過程，慈濟團隊感受到景美村的鄉親對以茶代酒健康促進的支持，每一個參與的鄉親在活動結束後，都歡喜地領了綠茶與茶杯，慈濟志工與景美村的鄉親就像一家人，每一個慈濟志工的心念都是祝福鄉親身體健康，家庭幸福美滿。每一個聽過以茶代酒的景美村鄉親何嘗不是為了自己的族人，自己的家庭，族群的下一代，高舉著右手，一起來改變聚酒、酗酒的習慣。

七月二日在三棧社區旅客接待中心舉辦三棧部落的以茶代酒，由於以茶代酒健康促進宣導在整個景美村已經傳開，這一天三棧的現場也擠滿了七十多位的鄉親。短短半年，在熱心景美村舉辦了六場以茶代酒宣導，三百多位鄉親熱情參與。

以茶代酒的宣導，搭起了慈濟與部落的橋樑，除了戒酒個案的關懷與轉介，部落有經濟弱勢的家庭需要關懷，馬上做及時的轉介。由於慈濟團隊與志工為了原民鄉親的健康，深入社區，讓部落鄉親感受到慈濟人真誠的關懷，逐漸地部落把慈濟人當成一家人，他們有急難，慈濟就在身邊。

有一天，加灣部落鄉親告訴團隊，前幾天秀林鄉衛生所召開校園學童頭蝨防治會議，在會議中，有村民就喊：「讓慈濟來幫我們！」慈濟團隊聽到之後，心裡感到溫馨，經由以茶代酒這樣的互動關懷，東部原鄉三十年無法解決頭蝨的問題，鄉親有感地想到了慈濟。

慈濟團隊將相關問題轉知慈濟醫院，二〇一一年十月二十五日，慈濟醫院許文林副院長帶著家醫科葉日弌主任拜訪秀林鄉衛生所，討論頭蝨防治相關問題，並訂出了方向，慈濟基金會也選擇了景美國小與水源

二○一一年十二月開始，連續兩學期寒暑假結束前，慈濟醫療團隊與志工一起走進景美社區做家戶頭蝨防治的施藥與衛教，讓學校開學不再全校師生為頭蝨煩惱。（照片／慈發處提供）

國小做為頭蝨消除的示範學校。隔天，葉主任就在慈濟醫院與慈濟團隊召開會議，指定邱雲柯醫師為主責。

十一月二日，慈濟醫院醫療團隊與慈濟基金會團隊會同徐村長的團隊拜訪景美國小。學校師長表示：「幾次有校際校外交流活動，其它市區學校的老師就提到原鄉小孩的頭蝨問題，希望能否參與校際交流活動前能作適當的治療處理，這讓原鄉的孩子在校際交流互動心理受創。」校方於是與慈濟團隊討論，要如何來讓頭蝨問題徹底解決。慈濟團隊於是首先邀請慈濟醫療志業的家醫科醫師來為學校與社區做頭蝨防治的衛教，並同步做治療規畫。

慈濟團隊跟學校老師請教以往每學期的頭蝨防治作法，校方表示每學期一開學，有頭蝨的學生就特別多，學校師生就開始做頭蝨大戰，全校師生彼此就要施藥消除頭蝨，到了學期末，頭蝨就比較稍微緩和，可是每次開學，學生回到學校又是一大堆學生都有頭蝨。

團隊探討，頭蝨是接觸感染，這關係到居家環境，同一個床鋪，睡同一張床，只要接觸就以此接觸感染。如果沒有從家戶的家長及所有家人去做衛教及施藥，頭蝨問題就會不斷地發生。於是慈濟團隊就跟校方建議，共同走入家戶做頭蝨問題的防治宣導，團隊與學校老師、部落熱心志工就走入每一個有頭蝨的學生家庭，除向家長做頭蝨防治宣導，並同時做全家戶的衛教，全家戶頭蝨檢查與施藥；尤其提醒家長，只要天氣好，被褥一定要拿出來曬，蟲卵才會曬熟消除，家裡要保持清潔乾淨，要多讓陽光曬進家庭，然後只要家裡有一人有頭蝨，都很容易因為接觸傳給家人，並教如何施藥。如此讓每一個家長有了正確的生活教育，共同成為防治頭蝨的一份子，每個家戶只要有正確的頭蝨防治知識，頭蝨問題才會消除。

經過在地部落志工教育訓練之後，從十二月二十二日開始，在學校做頭蝨檢查與施藥之外，並走入社區家戶。這個模式也在水源國小推動，並將經驗分享給走過的學校。介紹這個案例，是分享從一個以茶代酒擁抱健康的推動，讓社區感受到慈濟人的真誠，社區願意將他們社區的問題與慈濟人分享，並共同來解決，關懷整個社區，這是證嚴法師不斷跟慈濟人提醒每位志工要「扎根慈善，深耕社區」的道理。

水源村：連辦十一場，綿密宣導

二〇一一年水源村在王沈芳村長的建議下，一鄰一鄰地做以茶代酒的宣導，讓所有村民都能有機會遠離酒害，擁抱健康。（照片／慈發處提供）

水源村王沈芳村長非常認同慈濟以茶代酒的理念，他覺得要一個鄰一個鄰地邀請村民來水源村活動中心聽「以茶代酒擁抱健康」的活動，才能夠落實宣導。所以水源村在宣導上，是最細緻逐鄰推動，水源村從二〇一一年佳民與景美村推動的同時，就在王村長協助下一個鄰一個鄰，一共舉辦了十一場，每一場都很踴躍。

雖然水源村舉辦了這麼多場，但慈濟專案團隊看到慈濟社區志工都非常歡喜，每一場都能提前到現場，擺好小圓桌，準備好茶水點心。慈濟資深志工蔡月桂表示：「看到了部落民眾對以茶代酒的響應，覺得部落好有希望。」所以每一場活動前，慈濟志工都提前到現場擺設好小圓桌，準備熱開水與綠茶，也準備小餅乾，讓整個活動更溫馨，更好的互動。

此外，每一場宣導慈濟志工也準備了手語來跟鄉親互動，整個會場因為有慈濟志工的各項溫馨的安排，整個互動更熱絡。慈濟社區志工也表示有了社區慈善的方案，慈濟社區志工推動深耕社區有更好的助力，長期關懷社區。

秀林村：無畏場地悶熱，相隨相伴

秀林村是秀林鄉公所所在地，有民有、民治、民享三個部落。民治社區距離村辦公室與鄉公所較近，鄉親的生活與工作機會較多，退休公務人員、老師、護理師、軍警也較多，所以很多家戶都有大庭院，金村長邀請慈濟就是在社區熱心志工胡美妹女士家的庭院做以茶代酒宣導。

民有部落與其它秀林村部落隔著臺九線，比較偏遠，以部落的人而言，民有部落是最需要關懷的部落，生活都較清貧，仔細進入部落了解，酒精依賴的人口比較多，無法有穩定工作的人口也比較多。秀林社區發展協會理事長連惠美女士是傳統織布手工藝的專業老師，從織布地上機到較先進的紐西蘭織布機都非常嫻熟，對部落的事務又非常熱心，常與慈濟針對弱勢家庭青年學子做關懷，也常提報弱勢家庭給慈濟。由於平常與慈濟的合作很多元，連理事長只要有到各地交流，都會介紹慈濟如何關懷社區。

二〇一二年四月十二日首先在秀林社區發展協會舉辦，四十多位協會志工與織布的學員參加；四月十六日晚上在胡美妹家前的空地，住在四到七鄰的村民來了將近五十位鄉親參加；五月二十二日晚上在秀林村多功能集會所，七到十四鄰有四十多位鄉親參加；六月十四日晚上在陶樸閣部落，也就是民有部落，這一晚來了六十四位鄉親。

民有部落有活動中心，由於金村長居住在民治部落，與民有社區隔著臺九線，所以民有部落平常事務要與村民互動，就要與民有社區發展協會伊姆（胡春美）理事長合作，來做就近的宣導合作。當然金村長的聯絡還是必須的。民有社區的活動中心沒有冷氣，夏天即便是晚上七點半，在裡面非常的熱，但以茶代酒的分享與互動，卻是非常熱絡，讓團隊感動的是現場雖然非常悶熱，但整個活動沒有人先離開。由於以茶代酒每三個月會回到民有部落，慈濟志工也很聰明的，只要夏天天氣熱，就移到旁邊籃球場舉辦，雖然部落偏僻，但夜間球場的照明還是很亮的；春秋與冬天舉辦才在活動中心裡。慈濟志工表示，有以茶代酒的慈善活動做媒介，關懷社區很容易拉近與民眾的距離，即便再熱再辛苦，都值得。

幾次以茶代酒活動，許多村民分享沒喝酒改喝綠茶後，身體改善的狀況，身心也輕鬆許多，工作也比較能集中注意力。連理事長分享：「每次以茶代酒我都盡可能參與，我發覺沒有一次慈濟在傳教，他們是真正在關心我們的健康。以茶代酒宣導之前，我們看到部落隨處有許多人在路邊就聚在一起喝酒，不但給我們年輕一代不好的學習榜樣，許多族人也因為喝酒的習慣，都有痛風與痛風石的狀況，也有許多人都有肝硬化。」

秀林金清彩村長也說道：「慈濟很關心我們原住民的健康，真的是他們用心良苦，自從他們慈濟來宣導以後，我們秀林村的村民，酒駕，警察開酒駕，很少很少了。」金村長也跟大家分享，以前幾乎每天都要

二〇一三年三月四日秀林村民有社區金小姐將他的戒酒成功演成話劇，有三位鄉親配合金小姐演出，她說：「我再這樣會喝會拖累孩子，以及我的兩個姊姊，這次我是真的戒了！（照片／慈發處提供）

到派出所為酒駕作保，現在已經很久才有酒駕作保。

二〇一三年三月四日，在民治社區胡美妹家宅的以茶代酒，來了六十多位鄉親，這天最特殊的是一位戒酒成功的金小姐將她的戒酒成功演成話劇，取名「秀林劇場」，有三位鄉親配合金小姐本人演出。金小姐在劇中說：「我再這樣會喝會拖累孩子，以及我的兩個姊姊，這次我是真的戒了！以前常找我喝酒的鄰居不相信我戒了，拿了三瓶酒放到我的桌上，我連碰都沒碰。」

由於這個話劇很有啟發性，隔天三月五日晚上，又在秀林村民有社區活動中心的以茶代酒現場，為五十多位鄉親演出，三月十一日晚上又在秀林村多功能活集會所，為近五十位親演出第三場。這幾次的演出，慈濟團隊發覺，現在以茶代酒已經不只是慈濟人在前面辛苦地拉著原住民鄉親往健康的方向邁進，而是有了更多在地的力量，不斷站出來分享，甚至以話劇來演。

二〇一三年五月廿二日，東方報記者王志偉做了如下的報導：

「為減少原鄉部落飲酒過量問題，慈濟基金會兩年前開始推動『以茶代酒』社區健康營造活動，迄今已於秀林鄉、萬榮鄉及卓溪鄉三個原住民鄉鎮舉辦三十六場宣導活動，有一千五百多名原住民朋友到場參與，不少原住民朋友因此找回健康。

花蓮縣原住民人口位居全臺前三名，原住民鄉親飲酒過量的問題，不僅讓鄉親失去健康、工作與家庭溫暖，更遺憾的是讓原住民傳統的飲酒文化被污名化。所以部落工作者有一句玩笑話，「在原住民社區最怕看到『男人懷孕』，久久都生不出來」，意謂著飲酒過量引發肝硬化造成腹水嚴重，已成為原住民社區特殊現象。

根據萬榮鄉社會課表示，該鄉原住民十大死亡原因排名前三名分別為癌症、肝硬化以及糖尿病；萬榮鄉長蘇連進也提到，該鄉今年三月份死亡人數中有八成與『飲酒』有關，且大部分往生者年齡在三十歲至四十歲，皆為部落裡的青壯年，相當可惜。

慈濟基金會慈善志業發展處呂芳川主任表示，慈濟在原住民鄉鎮推動『以茶代酒』活動，希望藉此帶動原住民朋友達到『節酒、戒酒』的目標，重新尋回健康的身體與幸福的家庭。

在推廣『以茶代酒』活動中，慈濟志工送給與會的原住民鄉親一人一個環保杯，以及一盒一百包的綠茶茶包，鼓勵鄉親用茶香提升氣質，讓生活更有品質。

慈濟推動『以茶代酒』活動兩年來，在原鄉社區已有初步成效。秀林鄉社區發展協會五十七歲志工胡○○表示，自從參與以茶代酒宣導，領到慈濟送的綠茶包，就停止原本一早喝酒的習慣，改泡綠茶喝並搭配運動，體重從原本六十九公斤降至六十公斤，胡○○開心地說自己更健康了。

另一位鄧○○原本有喝酒的習慣，長期受痛風之苦，也曾因喝酒而被先生罵，但就是戒不掉，直至領到慈濟辦『以茶代酒』時發送的茶包，才一舉戒掉飲酒，也改善了痛風的困擾。

慈濟表示，期待以推動健康的茶來代替傷身的酒，讓酒在原鄉回歸神聖的象徵，在節酒戒酒的健康促進宣導中，讓原民鄉親能逐漸改進生活的習慣，重新擁抱健康，重享穩定的工作及溫暖的家庭。」

和平村：導入慈濟志工，更添人文氣息

和平村和中部落在二〇一二年蘇拉颱風受到重創，野溪造成土石流沖進部落許多家戶，慈濟為十多戶住戶修護家園，也因為這災後重建修繕的工作，與部落結了很好的因緣。和中部落「吾谷子社區發展協會」李詩經理事長與蘇拉風災自救會江磊會長的協助下，九月二十五日在和中地區多功能集會所做了以茶代酒健康促進的宣導，當天來了將近八十人。

這一次以茶代酒宣導，較讓團隊印象深刻是七十歲的李詩經理事長從一開始會場的佈置，就帶著許多當地的鄉親一起協助。當天慈濟志工也來了十多位，有了他們的協助，整個活動更溫馨、更有人文氣息。

一開始報到期間，志工們安排了靜思語的抽籤，衛生所工作人員知道當天的活動人多，也過來做肺結核的宣導與檢查通知。鄉親差不多到齊了，以茶代酒宣導前，志工手語帶動「幸福的臉」凝聚了現場所有人的心，對此次的宣導有很大的幫助。

雖然這麼多人在這一個晚上的活動盡了這麼多的心力，但有時總有些意想不到的變化球。麥克風突然出狀況沒聲音，好在慈濟志工馬上開來她的吉普車，車上有擴音設備，不然全場來了這麼多人，效果一定會有很大的落差。這一晚，全場的鄉親大家舉起手，不但都了解了酒對身體健康的傷害，影響自己的工作，也會造成酒駕意外與家暴；此外也都願意告訴自己的家人、族人及左右鄰居。

崇德村：戒酒撲滿獲共鳴

二〇一三年剛調職到崇德村派出所的林金章所長是慈濟剛受證的志工，平時休假日，他就在崇德村關懷弱勢家庭與獨居長者。崇德村有一位七十多歲獨居的老奶奶居住在臺九線大馬路旁的斜坡下，奶奶家門前有一個斜坡，平時沒下雨，老奶奶慢慢上下斜坡還好；但一有毛毛雨，斜坡路就很滑，即便是年輕力壯的人也很容易滑倒。

林所長馬上提報給團隊，很快地，慈濟團隊馬上與林所長安排前往家訪。家訪當天，剛好下著毛毛雨，當要下斜坡時，林所長馬上看到老奶奶就在斜坡旁的住家走廊等雨停。事實上，即便雨停了，斜坡還是濕濕的，很容易滑倒。團隊馬上提報，為老奶奶做了一個止滑的樓梯與安全扶手。也由於這因緣，團隊與林所長更深入討論崇德村推動以茶代酒事宜。

林所長表示他與高陳宏明村長常有合作，很快地村長馬上召開鄰長會議，並請他們協助邀請村民參加以茶代酒的宣導。三月十六日晚上在崇德村活動中心舉辦第一次的以茶代酒活動，村民包括村鄰長來了四十多人。慈濟志工十多人。接著村長又在四月二十六日下午舉辦了第二場，這一場村民來了六十多人。

在這兩次活動，較特殊的是善於巧思的慈濟志工推出了「戒酒撲滿」的想法，這是因為從二〇一二年慈濟國際賑災緬甸風災過後，災區民眾受到啟發，所有災區受到慈濟幫助的農民發起每餐每戶存一把米，放進袋子，並將存下來的米再去幫助其他有需要的人，每餐存下來的米就稱為米撲滿。慈濟志工受到這個啟發，很快地就把這樣的理念轉換成「戒酒撲滿」。

慈濟志工將緬甸災民的愛心向崇德鄉親分享，傳達任何人不論貧與富，都可以獻出愛心，所以鼓勵參與以茶代酒分享的鄉親，把買酒的錢存下來，人人都可以將愛心帶給海內外需要的人。這一晚上，慈濟志工也同時準備了許多竹筒，當場將近三十位鄉親領完所準備的竹筒，有鄉親還說甚麼時候可以拿到。當天的所有分享，似乎讓崇德的鄉親感染到慈濟在海內外無所求的大愛，有位鄉親跟慈濟志工說：「這是一個很難得的午後。」有位鄉親還主動表達，為了感謝慈濟為了他們的健康，舉辦這以茶代酒的分享，又跟他們分享了緬甸災民的米撲滿與八分飽，兩分助人好的影片，就主動上臺高歌一曲。

富世村：結善緣，與教會共推以茶代酒

因為以茶代酒在前面幾個村推動已有一點時間，富世村的教會多有耳聞，也比較了解慈濟以茶代酒是真正關懷部落鄉親族人的健康，也了解族人已經琅琅上口，成效顯著，就邀請慈濟團隊進入教會做宣導。沒

有宗教分別，慈濟人首次進入教會與牧師共同一起關懷族人健康，推動健康生活的習慣。在富世村有許多不同的教會，當慈濟在教會宣導，其他教會也過來邀請。團隊非常高興，因為以茶代酒已經讓部落族人與教會開始接受慈濟人無所求的真誠關懷。

富世村不止是全鄉面積最大村，也是全國最大村，是臺北市面積的二點五倍，人口兩千多人大多居住在立霧溪下游，大多信仰基督教，主要有四個教會，姬望教會、真耶穌教會、太魯閣長老教會、砂卡礑教會。

二〇一四年三月拜訪富世村劉毓秀村長，劉村長聽了團隊介紹後，覺得這對族人是很好很需要的，她覺得如果在教會宣導會更好，因此劉村長打算除了安排一場在活動中心，她要跟各教會交涉，讓慈濟團隊進入教會宣導以茶代酒。劉村長當下就先打電話給真耶穌教會林牧師，林牧師馬上就應允會安排。說起真耶穌教會，在臺灣所有基督教教會，真

二〇一四年十一月九日，慈濟專案團隊受邀到富世村太魯閣基督教長老教會，這是在北花蓮第一次走進教會宣導。十一點，劉村長又帶團隊到砂卡礑基督教長老教會。（照片／慈發處提供）

耶穌教會的規範是最嚴謹的，記得在新竹縣尖石鄉，由於高山上泰雅族人因缺少工作機會，平時常會喝酒過量，當時就常看到錦屏、義興、那羅的真耶穌教會唱詩班到深山秀巒、玉峰等村的教會去宣導戒菸酒檳榔。

三月十九日剛好是臺電公司在富世活動中心向富世村民辦理說明會，劉村長特別安排在這一天，我們就接在臺電之後做分享。當天來了八十多個村民，看到村民熱烈地響應互動，會後劉村長跟團隊說一定會安排在教會的宣導。

這一年，團隊的腳步同時在萬榮鄉與光復鄉邁開。十一月九日十點，先是在富世村太魯閣基督教長老教會，展開北花蓮第一次的教會宣導；十一點結束時，劉村長又帶團隊到砂卡礑基督教長老教會。

接近十二點結束時，外面有一位砂卡礑基督教長老教會的成員舉行家庭聚餐，希望藉此機會也能邀請團隊過去宣導，順便一起用餐。團隊盛情難卻，就跟著前往，走進一個家戶，裡面很寬敞，坐滿了族人，應該有三十位上下，團隊馬上與大家分享以茶代酒，族人反應非常熱烈。由於團隊是素食，就委婉婉拒留下來用餐，不過祝福大家聚會時多喝茶不喝酒，讓身體越來越健康。這個早上能在三個教會分享以茶代酒，很感謝劉村長的協助安排。

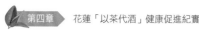

文蘭村：結合骨髓捐贈宣導，雙管齊下

二〇一五年四月二日拜訪文蘭村田文才村長，田村長表示文蘭部落有六個鄰、重光部落有五個鄰；另外，米亞丸在鯉魚潭稍南的山麓，因為只有一個鄰，可以邀他們來文蘭部落。重光部落在文蘭村的山上，一百多戶四百多人口，出了許多校長與賢達，部落以此為傲。

六月二日拜訪重光部落社區發展協會李國誠理事長與周錦榮牧師，跟他們分享了以茶代酒健康促進的內容，以便讓他們了解如何去邀請更多的族人來參與。李理事長與周牧師聽了慈濟團隊的介紹，決定以茶代酒就在教會宣導，並表示這也是一個福音。團隊並取得他們的同意，在以茶代酒之後，接續宣導「骨髓捐贈，無損己身」，尤其可累積原住民的骨髓資料，幫助有需要的族人。慈濟基金會排除萬難，不惜巨資，建立了亞洲最大、全球第三大的骨髓資料庫，將近三十年來共移植將近

二〇一五年八月三十日早上十一點在文蘭村重光部落重光教會舉辦以茶代酒活動，並做骨髓捐贈，無損己身的宣導。（照片／慈發處提供）

六千個案例。

八月三十日早上十一點，慈濟團隊在重光教會舉辦以茶代酒活動，志工以「天地好像大課堂」手語帶動暖身，所有村民都現出了笑容，讓以茶代酒的宣導更容易讓村民專注。接著骨髓捐贈的宣導，更讓大家感受到慈濟人「無緣大慈，同體大悲」的無私胸懷。這天下午兩點半，在文蘭活動中心舉辦文蘭部落的以茶代酒宣導，很感恩，有慈濟志工在兩個部落用心的協助，尤其文蘭活動中心這邊，慈濟志工還準備了點心與泡好綠茶，讓現場更顯溫馨。

每一個村落要推動任何社區營造的工作，有不同的因緣與條件，並不是每一個村落想要推動，一拜訪村長理事長，對方就能馬上全力配合。事實上，以茶代酒走過幾年，大多能很順利得到各村村長或理事長的協助的主因是：每次都需要跟村鄰長先共同探討村民的健康、經濟收入、酒駕意外與家暴等現況。

在這樣的過程中，大多數的村鄰長都能因為共同提點而逐漸形成共識，因為上述的四大問題，村鄰長都很容易在一一探討中去想到酒是許多族人有痛風、肝硬化、酒醉無法工作、酒駕意外造成身障或往生、甚至造成許多家暴的原因。似乎，所有社區的問題就圍繞在這幾方面，也因為這些議題是他們重視與關心的，所以很容易成為大家一起為部落社區努力的方向。

但並不是所有村鄰長都一開始都能馬上有共識有動力。有的村鄰長一開始對這議題的重視度不很強烈，所以就要傾聽村裡大家關心在意的事是甚麼。銅門村的推動，就是從傾聽社區的需求慢慢打開了以茶代酒的推動。

銅門村：與在地婦女從協助到合作的發展

四月二十二日，全鄉事務組長會議在景美村召開，團隊適巧有機會跟銅門村兩個部落，銅門與榕樹的事務組長碰面，向兩位事務組長介紹本會對長者全方面的關懷，從長者居家安全修繕、社區關懷據點等長者全方位的關懷，同時也談到村落裡辦以茶代酒健康促進活動，希望營造健康的部落。

兩位組長表示非常支持，並分析榕樹部落因為集中在一條大街上，部落裡真耶穌教會教友也不少，村民彼此支持力量大，較容易凝聚；銅門部落因居民居住較零散，都歡迎慈濟來部落辦活動。五月二十一日，團隊向村鄰長、部落兩位事務組長報告未來在部落的各項關懷工作，大家都很同意相關計畫，並提到長者共餐的地點以避難收容所最為適當，但需要與鄉公所借用交涉，這一個等待借用場地將所有事情都耽擱著。

田村長平時忙於鐵藝的工作，夫人蕭美梅女士很熱心地協助團隊做各項社區關懷的工作推動，在等待長者關懷場地訊息期間，有一天蕭女士來電告知部落許多婦女很希望推動傳統皮雕與織布的工作，不知慈濟能否協助。當下團隊馬上跟田夫人回覆，皮雕與傳統織布都是能提供部落婦女文化與生計，慈濟一直在部落裡有這樣的推動。於是蕭女士與團隊約好，在六月二十二日與有心參與這方面工作的婦女，讓慈濟團隊能

二〇一五年六月，慈濟團隊與銅門村婦女們就傳統織布、皮雕做資源協助的交流，也向現場婦女做了以茶代酒的宣導，期待凝聚部落婦女的力量，推動遠離酒害的觀念。

與她們互動，也做進一步了解。

說明會這一天活動中心來了將近三十位婦女。慈濟團隊在現場除了與婦女們就傳統織布、皮雕做交流，也向現場婦女做了以茶代酒的宣導，並表示婦女都有孩子，都希望孩子在部落社區有很好的環境，而不是看到很多族人聚在一起喝酒，無法工作，常常聽到的就是酒駕意外，家暴，痛風、肝硬化。團隊問現場婦女是不是可以一起來改善我們社區，讓她變成一個有活力，有文化的一個美善社區？現場婦女都高高舉起了手，願意一起努力。

推動團隊發覺這些女士是部落一股很大的力量，這股力量可結合傳統文化與生計的推動，並帶動社區婦女共同來關心自己的社區。這也成為日後慈濟在許多鄉鎮推動以茶代酒或社區營造的在地力量之一。十一月二日，舉辦第二次以茶代酒，由於有婦女團隊的協助，鄉親來了七十多位。

銅門部落活動中心舉辦多次以茶代酒活動，榕樹部落也利用婦女織布班與縫紉班的因緣，舉辦多次以茶代酒。每個村有每個村不同的因緣，榕樹部落織布班員跟慈濟團隊分享，自從以茶代酒活動後，因為織布穿經緯線需要專注，酒也就慢慢地沒喝了，尤其茉莉綠茶真的很好喝，很解渴，大家很喜歡喝。

前文所分享的各村推動過程，是各村第一次的以茶代酒的辦理情形，慈濟團隊配合各村不同的特性，而有不同的進入模式。但最重要的是有了第一次的互動之後，每三個月慈濟團隊就要再度回到各村落做再次的說明，讓已經有的正確、健康的生活觀念能更加地扎根，也讓有逐漸已經改變飲酒習慣的鄉親將觀念傳遞給家人、鄰居及族人與大家分享經驗。為何是三個月再度回到各村落呢？因為慈濟提供的茉莉綠茶有一百包，一天一包，三個月剛好已經用完，族人會期待慈濟團隊再過來，逐漸成為推動以茶代酒的一個模式。

二〇一四年，慈濟在所推動過的村落進一步推動「茶友會」，這是團隊推動多年「以茶代酒健康促進運動」之後，發覺許多原鄉的鄉親在聽過宣導之後，馬上就有一股戒酒的動力，甚至於想把正確健康的觀念

二〇一四年三月九日，佳民村召開第一場茶友會說明會，林素美代表是佳民村新部落發展協會理事長，她積極邀請部落的鄉親前來參加茶友會，當天有四十五人參加。（照片／慈發處提供）

也告訴自己的家人、鄰居或族人。但畢竟整個花蓮幅員大，慈濟團隊無法長時間陪伴所有部落，當以茶代酒健康促進運動宣導離開部落一段時間後，部落民眾漸漸動力就會降低。

所以慈濟團隊想到如果每個部落成立茶友會，有如下一些好處：一、部落有茶友會，可以逐步帶動村民有正確觀念，形成一股正向的力量。二、部落茶友會有公約，成為戒酒志工，傳遞健康的生活觀念。三、部落有茶友會可以逐漸去除掉原鄉酒害的刻板印象。

茶友會首先從鄰近的佳民村、景美村開始推動。二〇一四年三月九日，佳民村召開第一場茶友會說明會。林素美代表是佳民村新部落發展協會理事長，她積極邀請部落的鄉親前來參加茶友會，當天有四十五人參加，現場所有佳民村鄉親給茶友會創了一個醒目的口號「以茶會友，健康久久」。

四月二十四日，景美村召開茶友會說明會，景美村加灣部落交流協會理事長湯慶夏

二〇一四年四月推動團隊邀請縣府衛生局保健科辦理「淨菸蒂、淨酒瓶、淨檳榔」及「以茶代酒運動茶友會公約簽名誓約活動」，宣讀生活公約。（照片／慈發處提供）

夫婦兩人用心召集有心的村民，現場非常熱絡，總共填表加入茶友會的鄉親有五十一人。慈濟志工還做了靜思語籤，讓好的勵志勉勵深入人心。

很快地，打鐵趁熱，湯理事長偕同推動團隊邀請縣府衛生局保健科辦理「淨菸蒂、淨酒瓶、淨檳榔」及「以茶代酒運動—茶友會公約簽名誓約」活動，宣讀生活公約，做好部落安全、健康、環保教育宣導。村民宣讀生活公約後，並與慈濟志工分成三處，一同動手清理社區環境，吸引數百位部落族人前往進行綠美化及環境整潔活動。

湯理事長說：「部落整體環境改善著實不易，菸酒檳榔等之廢棄物，更是於部落中隨處可見。為下一代教育、環境著想，協會與慈濟共同推動，帶動族人一起維護部落環境及安全，大家動起來，才會讓部落有好的生活教育，以及改善環境。」當天，理事長就在部落規畫茶友會聚會所，讓以茶代酒擁抱健康深入族人內心。

以茶代酒健康促進運動主要在原鄉喚起鄉親，從菸酒公賣後失序的飲酒、酗酒所造成的健康問題，回歸到早年嚴謹的社會規範。如果我們不從根本去讓民眾了解酒精依賴所造成的健康、經濟力薄弱、酒駕意外與家暴增多等問題，而只在醫療端一個一個去戒斷治療，酒害的問題還是會源源不絕。所以從防微杜漸的角度，先從源頭、從整個原鄉部落社區讓民眾了解健康的生活模式，才可讓原鄉回到早期健康快樂的生活。這也就是證嚴法師一再提到任何問題要思考「清淨在源頭」的道理。

本專案採地毯式在各部落間推動，逐村逐鄰地宣導帶動，也發覺很多生命垂危或酒精依賴嚴重的酗酒者，推動團隊也不放棄每一個可以接觸的酗酒者，慈濟會與在地村鄰長、協會、熱心鄉親志工共同一起陪伴鼓勵。在秀林鄉，慈濟與在地志工共陪伴三十多位酒精依賴較嚴重的鄉親，下面選幾個案例與大家分享在這過程中的成功與困難。

個案一：戒酒要及早，決心不可少

二〇一〇年，慈濟基金會即在秀林鄉逐村逐鄉推動以茶代酒，當時楊先生與他的弟弟就不斷參加以茶代酒的活動，楊先生經過以茶代酒的宣導，了解原來自己的健康與痛風的原因是酗酒，當下就下定決心戒酒，因此楊先生跟團隊也結了很好的緣，每次在部落彼此相遇，遠遠地就會彼此呼喚招呼。

二〇一二年，更生日報田姓記者親自找楊先生做了戒酒的了解與訪談，當時慈濟人沒有在身旁，楊先生做了如下的分享：

「慈濟基金會連續推展三年以茶代酒節制飲酒活動，迄今部落節酒已略見成效，景美村太魯閣族人楊〇〇指出，他已三年沒喝酒，族人都說他變年輕、變更有體力！每個月都可以正常上下班工作賺錢，未來退休，要享受山林生活。

楊○○說，過去嗜酒如命，至少毀了一半人生，加上過去喜歡買醉，飲酒縱樂，連錢都變得越來越少，三年前身體不舒服，幸遇到慈濟基金會，在景美村推展以茶代酒節制飲酒運動，漸進改善飲酒習慣到戒酒，身體狀況有如康復重生。

他說，也有很多族人過去都被酒精搞垮，參與慈濟以茶代酒節制飲酒運動，也讓族人反省過去荒唐歲月，他們也和他一樣，揮別十餘年的酒精歲月。

而景美村太魯閣族人湯○○以身作則，目前也以志工角色協助村民戒酒，希望改變原住民酗酒的習性，維護原住民健康。湯○○說，戒酒之後，頭腦及思考恢復清晰，工作上也能得心應手，因此不斷告誡族人，不喝酒就是賺到了每個月工資薪資，如果每天醉茫茫，就會跟薪資過不去。」

從那時候開始，楊先生就從酗酒中解脫，慈濟團隊每次到部落，楊先生總會遠遠就會主動跟團隊招呼，他已經很長時間穩定在某機構為老人送餐的工作。

楊先生的弟弟雖然也參加以茶代酒，與哥哥一樣下了好多次決心要戒酒，也斷斷續續成功戒酒，但又喝酒。協會湯理事長就跟團隊共同前往關懷好幾次，發覺弟弟的意志力不像哥哥決心那麼強，雖然哥哥也一再勸導弟弟，但最後弟弟還是受不了酒的誘惑，導致肝硬化腹水黃疸無法控制，就先往生了。

所以，當一個人已經嚴重酒精依賴，要改變是非常不容易，需要有很大的決心與意志力。所以為什麼我們要從「以茶代酒健康促進」專案的推動，在部落社區不斷宣導，期待民眾還未嚴重酒精依賴，就開始與酒保持距離與戒心，才不會無意間陷入過量飲酒的習慣，積習難改，達到防微杜漸的效果。

其次，以茶代酒在原鄉推動之前，許多有酗酒習慣的鄉親，由於長久過量飲酒對身體已經造成嚴重傷害，就像有的村長常分享，村裡的男人特別會懷孕，因為喝酒過量導致肝病變腹水起來；許多人也分享村落每個月都有中壯年人往生，有的是酗酒到失去健康而往生，有的是酒駕意外而往生。這也說明了，當以茶代酒健康促進運動推動之後，許多酗酒的族人終於了解為什麼自己的身體有這麼多健康的問題，痛風、肝硬化、胰臟病變等等，他們開始要改變自己的喝酒習慣，下定決心不喝酒。

但酒癮如毒癮，要戒掉除非有很大的決心與毅力；更大的問題是許多酗酒者主動請慈濟轉介到醫院戒斷，慈濟也為他安排戒斷，但運氣好的，就像楊先生，不但不必去戒斷，及時挽回他的健康，現在有一個服務長者的穩定工作，從十年前參與以茶代酒以來，越來越健康，越有活力。反觀他的弟弟，一方面決心毅力不夠，另一方面，他的健康早就到了無可挽回的地步。

楊先生也因為弟弟的離開，更發願要協助部落的鄉親離開酒的傷害，成為戒酒志工。下面介紹的酗酒鄉親就是在他的協助下，與推動團隊及社區協會志工的共同努力，挽回一條寶貴的生命。也希望經由這案例分享，讓讀者了解，當陷入酗酒後，想要拔出這泥沼是多麼辛苦，需要多大的努力。

個案二：互相支持，更見成效

陸先生在二〇一一年六月即開始參加本會以茶代酒宣導，但就像一般酒精依賴嚴重的人，因意志不堅，下定決心許多次，但仍然反覆又再喝酒過量，無法節制飲酒。不過慈濟團隊與協會志工仍鍥而不捨，為了讓讀者感受到一位戒酒者從了解、下決心、無法抗拒誘惑、反覆不斷努力，最後在資源連結之下，終於戒酒成功，特別分享他的戒酒過程。

慈濟在二〇一一年十月，協助秀林鄉天然資源最少的景美村加灣部落。在一塊空地上建設一個太魯閣文化園區。慈濟邀請耆老協助規畫太魯閣傳統住屋，規畫園區中有手工藝展售區、傳統舞蹈區與迎賓廊；所有建築工人都用加灣在地的居民，陸先生在此時加入建築傳統家屋的工作，由於有穩定的工作，減少喝酒的動機，又有許多人在旁鼓勵，陸先生將近三個月沒有喝酒，大家都為陸先生高興。

二〇一二年元月六日，晴天霹靂，協會湯理事長告知團隊，聖誕節時，陸先生親戚自外地返回過節，頻頻邀陸先生喝酒，陸先生禁不住一再的勸酒，又開始喝酒了，故一段時間未到「傳統家屋」上工。由於加灣離慈濟團隊上班地點不遠，團隊馬上就前往關心。

經鄰人指引，來到陸先生友人家，看到案主正與友人喝米酒，案主已有點醉意，看到團隊不停懺悔，表示不該喝酒，也許陸先生長久以來感受到團隊對他的關心，覺得自己喝酒辜負了一些關心他健康的人；又也許他猛然覺醒自己又過量飲酒、壞了自己原本下了決心要改變喝酒習慣，陸先生向團隊表示是否可以馬上安排到醫院戒斷。

慈濟團隊馬上就帶陸先生到慈濟醫院，身心醫學科賴奕菁主任加開特別門診，為他抽血檢查完，確認陸先生身體健康狀況無太大問題，隨即收治住院。經過幾天住院的陪伴與關懷，元月十一日陸先生又回到太魯閣族文化產業園區擔任守衛工作，盡心盡力、工作認真。這個階段，感謝協會都會隨時轉知陸先生的狀況，慈濟團隊也定期每三個月關懷一次。

由於慈濟團隊知道以茶代酒健康促進運動的推動，一定要結合在地社區的力量。協會湯理事長告知團隊，陸先生在慈濟團隊較密集前來關懷總能持續一陣子不喝酒，但有時還是有鄰居會來找他，尤其是年節或婚喪喜慶；而每次一喝酒，就有好一陣子無法節制，加上陸先生在參與以茶代酒運動之前，已長時間酗酒，身上多處已有一顆顆大的痛風石，所以慈濟團隊與協會志工稍有間歇性無法關懷，陸先生一喝酒，身體就出狀況。

二〇一四年三月，因陸先生腹水嚴重，手指痛風處又破洞流出液體，很不舒服，因而醫師為他插管，引出約兩千C.C.的腹水。正巧，住在同一病房斜對面床位，因蜂窩性組織炎住院治療的病人是個案陸先生國小同學李先生。他過去也是因過度喝酒造成身體多處有痛風石，併發身體不適，兩年前一念決心改掉這個壞習慣，很有毅力地滴酒不沾，痛風早已遠離身體。李先生也鼓勵陸先生真的要戒掉飲酒：「酒不是好東西，趕快戒掉吧！」當時前去探視李先生的一位工作夥伴，過去也是因飲酒過量造成身體不適，於一年前改掉喝酒習慣，也是覺得：「酒真的害人不淺，不要再笨囉！」

短短的一次探視，聽到部落年輕人的對話，彼此鼓勵，更覺得以茶代酒，健康促進的運動絲毫不可鬆懈，團隊都彼此打氣，這個專案的推動，要更用心，更積極，才可以讓原鄉年輕的一代可以有健康的身體。

陸先生這次醫院治療回來，戒酒的心更加積極，他跟團隊分享這次碰到同學，自己更加想要戒酒。一直以來，陸先生強烈想要戒酒的心是很清楚的，所以他每次都會主動與協會及慈濟團隊表示希望到醫院戒斷，每次去戒斷回來，總能維持一段長時間沒喝酒，一次一次地懺悔，可以看到他不斷努力與酒搏鬥。

有一次，陸先生碰到團隊，他就主動將口袋的檳榔整包拿給團隊說：

「從今天起我不吃檳榔了。」陸先生也真的從這一天開始沒有再吃檳榔。陸先生主動拿出檳榔這個動作，慈濟團隊最大的感觸就是，陸先生內心是充滿著成功戒酒的期待，也知道慈濟團隊非常關心他的健康，雖然一而再，再而三地失敗，不過只要陸先生有這樣一個改變酗酒習慣的心，我們每一個人都不會放棄。終於，上一個分享中戒酒成功的楊先生就扮演重要角色。

楊先生因為成功戒酒後，有了穩定工作機會，許多人都邀請他分享。分享過程楊先生也認識了許多不同的戒酒團體，經過慈濟團隊與楊先生討論後，覺得陸先生有心，但如果有一群有心戒酒的人大家一起鼓勵、支持、分享，更有成功的機會。楊先生看到陸先生這麼努力要戒酒的過程，就邀他去參加基督教弟兄會，有了團體的不間斷鼓勵，陸先生終於成功地戒酒，並在秀林鄉公所找到割草穩定的工作，他的姊姊也為了他有一個安定的心，花了不少錢幫他把整個住家環境家裡重新裝潢。團隊與協會很高興看到原本已經對他完全放棄的親人，歡喜地為陸先生新的人生重新整裝。

個案三：重建尊嚴，再造人生

二〇一四年元月，部落交流協會邀請慈濟人前往劉先生家關懷，劉先生有五位子女，夫妻以打零工維生，由於夫妻都有酗酒的習慣，慈濟團隊與協會擔心小孩正在成長學習階段，如果夫妻因酗酒傷身，五個子女的生活與教育將會成為很大的問題；尤其，每一個小孩未來的人生走向，父母的言行有很大的影響，酗酒的行為絕對不能成為小孩模仿的對象。

由於劉先生家人口多，慈濟團隊先改善劉先生居家環境，適當的經濟補助之後，開始思考如何協助劉先生夫妻兩人，逐步走出酒精依賴。劉先生由於常須為全家的經濟打拼，所以酒精依賴較劉太太輕微一點；劉太太雖有時也會打零工，但閒在家裡的時間較多，所以團隊就以資源回收來鼓勵劉太太。

只要劉太太決心要戒酒，投入環保資源回收，回收寶特瓶、紙類，每持續十天就給予適當鼓勵金，鼓勵金事實上也是貼補劉家的生活費，讓劉太太有較積極戒酒的動力；當然在此期間，劉太太也可以找工作來維持生計，只是有空閒就鼓勵她做資源回收，並非要多少的量，而是鼓勵劉太太轉移飲酒的念頭，戒酒成功。這樣一方面希望劉先生夫妻能把自我健康照顧好，不要酗酒，並給小孩一些正確的生活觀念。

劉先生夫妻最大的轉變是二〇一四年四月二十四日加入茶友會。加入茶友會之後，在協會與慈濟團隊鼓勵下，開始對家庭更有責任感，對社區更有一股參與的熱誠。但酒精依賴是一個很黏人的不好習慣，劉太太事實上也努力了好幾次，都與酒精拔河，而每次離開酒精依賴那段時間，劉先生夫妻總是非常熱心，除了環保資源回收，劉太太會經常會到日托站或協會幫忙，協助長者關懷。

由於劉先生夫妻的改變，孩子們一起與父母做環保資源回收，也一起參與以茶代酒健康促進的分享，甚至於劉先生夫妻一起鼓起勇氣在茶友會與大家分享，接受大家的祝福。

二〇一六年十月開始，劉先生投入加灣文化健康站當關懷長者的志工，二〇一七年又參與本會與協會共同規畫向勞動部申請多元就業專案的木工班。由於木工班班員有勞動部的基本工資，慈濟提供了師資、設備等，而協會也資源連結，跟亞洲水泥交涉，免費提供棧板做木工班桌椅的材料，所有資源都很完整，所以木工班所生產的桌椅，全數贈送給社區獨老與弱勢家庭，甚至所捐贈的對象擴及到鄰近的部落與社區，木工班平常也以所學的技術，為社區長者及弱勢家庭做居家環境改善。

木工班的學員在這過程，不斷從服務長者、及捐贈桌椅給最弱勢的家庭，看到了受助者的歡喜與內心由衷的感恩。事實上，劉先生也告訴我們，他與木工班的班員從這些關懷行動中，感受到助人的喜悅。也因為這些成長，劉先生又參加照服員的訓練，也在文化健康關懷站有了一個穩定的工作。

個案四：患病，是轉化的助緣

水源村陳先生年輕時期即接觸飲酒，即使一次喝八瓶的威士忌也喝不醉，二〇一〇年突然痛風找上門，造成右腳關節疼痛不已，坐立難安，不良於行，糖尿病也跟著來。

二〇一二年，慈濟在水源村舉辦「以茶代酒」健康促進活動，陳先生聆聽完團隊的宣導後，開始決心要節制飲酒，從開始喝茶，並配合不飲酒後，痛風症狀逐漸不再出現，又因為確實不再喝酒，也聽醫師的指示，保持運動的習慣，甚至糖尿病情形也有了改善，進而在社區、工作上將此戒酒經驗心得與親朋好友左右鄰居分享，也勇敢地在「以茶代酒健康促進」的場合分享他戒酒，逐漸身體健康有了好轉的經驗，並發願要成為戒酒志工。

像陳先生這樣的案例是很幸運的，因為來得及挽回健康與生命，在萬榮鄉有幾個酗酒個案，已經下定決心戒酒，也經慈濟協助到醫院去戒斷，但經醫師診斷健康已難挽回，慈濟志工看著他生命垂危的最後時刻，還感謝慈濟志工一路的陪伴，表示換一個身體回來做一個能夠助人的人。

三 萬榮鄉 默默耕耘終見日 縣府攜手共護生

二〇一一年，秀林鄉逐村逐部落地推動以茶代酒，由於花蓮縣萬榮鄉六個村，除了馬遠村是布農族，其它都是太魯閣族，很多族人因聯姻或親屬的關係，常彼此往來，所以茶友會舉辦時常有萬榮鄉的鄉民也參與以茶代酒健康促進的分享。有位萬榮鄉族人就表示，村里有很多酗酒的族人，很需要幫助，尤其平常在部落常看到一些族人在路旁聚在一起喝酒，原本應該是關懷社區的一股力量，卻成為製造髒亂的源頭，社區到處是垃圾與酒瓶，對小孩子是很不好的示範，看到了慈濟在辦以茶代酒的活動，似乎看到了一道曙光與希望，很希望以茶代酒健康促進運動也能過去萬榮鄉舉辦。

從鄉到村，支持滿滿

二〇一三年，專案團隊開始走入萬榮鄉，三月五日團隊與慈濟志工陪同拜訪萬榮鄉許連進鄉長。許鄉長很重視，請來社會課莊課長與秘書，並表示這是好事，絕對支持，並指示馬上在鄉公所對所有同仁先舉辦一場，鄉公所舉辦茶友會當天，二樓公所會議室坐滿了鄉公所同仁。

分享完了，許鄉長特別勉勵所有公所同仁：「未來每個人到部落服務，也要把今天的分享帶給所有的鄉民，這是族群永續健康非常重要的健康問題，確實如慈濟所分享的，早期我們都說小米酒，小米產量原本就不是很多，釀小米酒也需要時程，所以都是重要特殊日子才會釀小米酒來感恩祖先，現在看到不少族人整天喝得爛醉，怎麼去工作，全身都是病，又是痛風，又是肝病，醉得不省人事，講話完全沒辦法溝通，我們能協助一個人不要喝酒，就救了一個人的生命，救了一個人的健康，救了一個家庭。」

許鄉長並表示，如果慈濟辦相關活動需要場地，鄉公所也可以提供原住民文物館或圖書館。聽了許鄉長的勉勵，可以感受到許鄉長是由衷地希望以茶代酒活動能在萬榮鄉好好推動，團隊也受到了很大的鼓勵。

四月十六日，團隊拜訪萬榮鄉西林村張明賢村長，張村長是虔誠的基督教長老教會信徒，對慈濟推動以茶代酒健康促進運動非常認同。張村長說：「西林村有一千四百多人口，近年往生以三十歲到四十歲居多，原因是許多在北部工作的年輕人，因外勞引進失去工作機會，回到家鄉工作機會少，演變成許多人飲酒過量，造成嚴重痛風、肝硬化，甚至酒駕意外，導致年紀輕輕就走了。」張村長馬上帶團隊到活動中心二樓場地勘查，隨即敲定兩天後馬上舉辦第一次以茶代酒宣導，先對十二個鄰鄰長及九位社區發展協會理監事舉辦，後續規畫每三個鄰舉辦一場，從四月底五月陸續展開。

團隊隨即前往萬榮鄉萬榮村，也是鄉公所及衛生所在地，伍曉凌村長為人熱心，年輕有活力，前一年因為村民的建議，伍村長就馬上舉辦一場，她表示效果很好，所以這一年會更有規畫地進行。

接著，團隊又走到萬榮鄉衛生所，衛生局在鄉衛生所設有社區健康中心，健康中心黃嘉琳小姐早就聽到慈濟推動的以茶代酒健康促進運動，希望將她關懷的戒酒個案能一起結合。

伍村長年輕有巧思，知道慈濟在某些社區有「茶香話社區」的名稱，她覺得茶香話社區很生活化，就決定從六月三日開始每三個月舉辦一次。每一次舉辦以茶代酒，伍村長都很科技化地以她的手機向全村廣播，平時在辦完以茶代酒，她還會到村民家走走，並鼓勵鄉親為了自己及家人的健康，大家要彼此提醒，喝酒容易導致痛風與肝硬化。她並把平常與村民的互動，傳到與慈濟的手機群組。

經過多次拜訪，二〇一四元月九日，萬榮鄉見晴村王菊妹村長在活動中心舉辦了第一次茶友會，平靜的村落來了六十一位鄉親。感謝慈濟志工提前準備了熱開水，並帶動「一家人」的手語歌曲，讓現場鄉親融入當天的以茶代酒活動，現場鄉親與團隊及慈濟人互動熱絡，並提出許多問題。王村長也鼓勵鄉親：「今天聽到慈濟人的分享，知道酒不但傷身，影響工作，而且家暴與酒駕意外也增加，所以大家一定要為自己及家人的健康，平常聚會大家喝健康的茶。」

以茶代酒活動結束之後，王村長並同時宣導慈濟為獨居長者兩老相依及身障者做長者居家安全改善，請在座的鄰長或熱心的志工共同一起提出關懷的長者名單，彙整到村辦公室，慈濟會整村一起為長者做居家安全改善，讓長者有一個安全的居家環境，老人只要不跌倒，晚年生活才會好。

最後，慈濟人跟現場鄉親分享了二〇一三年十一月菲律賓超級颶風海燕風災，慈濟人如何讓一座棄城，排除萬難帶動當地災民從廢墟中站起來，慈濟志工並以一首「愛與關懷」帶動現場鄉親為菲律賓海燕風災災民祈福。

慈濟志工，各顯神通

瑞穗慈濟人因參與協助卓溪鄉卓清村以茶代酒健康促進活動，組隊師兄姊開會討論，覺得他們長期關懷的紅葉村、馬遠村正是需要這樣的宣導活動，故希望本會儘早到南萬榮鄉的兩個村來舉辦。除了希望藉由以茶代酒宣導幫助原民改善飲酒問題，也可藉此深耕社區。

二〇一三年二月二十六日，慈濟推動團隊與慈濟當地志工一起拜訪了紅葉村李水泉村長，當天並同時拜訪了馬遠村馬平貴村長以及兩村的村幹事，慈濟當天向兩村村長及幹事們說明以茶代酒健康促進活動，並至兩村之活動中心場勘，兩村村長都極力表示支持這項活動。

紅葉村長李水泉喜歡參與對社區有幫助的社團，一起關心、服務社區。當時也是社區發展協會理監事及小學族語老師。李村長表示，自己原本也有飲酒，因曾車禍及中風，於一年半前戒酒。他深知飲酒不容易控制，常會慢慢地成癮，也看到部落族人因飲酒過量所造成健康、經濟、酒駕意外與家暴等問題，慈濟舉辦以茶代酒，他也希望以茶代酒宣導能解決部落長久存在的這些問題。配合當時箭筍採收期近尾聲，選定三月十二日舉辦一場。

二〇一三年三月十二日，紅葉村第一次以茶代酒在紅葉村社區活動中心舉辦，村民約有七十人參加，許多村民時間未到已在現場等待，看到慈濟人到達，村民隨即協助搬物資。慈濟志工蔡秀鳳將大家耳熟能詳的「桃太郎」曲調自編「大家來喝茶」，活潑有趣。紅葉社區發展協會理事長黃德成聽完以茶代酒分享後，看到社區村民回響熱絡，回應說：「希望慈濟不要三個月後才來，兩個月就能來。」

雖然協會理事長的期待很積極，但慈濟團隊在整個花蓮縣原鄉的眾多村落推動以茶代酒，並無法每次都能三個月回來一次；終於在二〇一三年八月二十五日再次回到紅葉村。因為原鄉村民居住有些鄰與鄰之間距離頗遠，為了讓每個村民都能就近參與，這次選在紅葉村社區發展協會舉辦。為鼓勵與推動健康素食，瑞穗志工很用心地準備素食晚餐，與鄉親共餐，並介紹為何要吃素食。

玉里慈濟醫院陳世淵師兄，聽聞慈濟在部落社區推動以茶代酒村民都能熱烈響應，八月二十五日這天，他來到現場分享菸檳的危害與防治，巧妙運用菜瓜布摩擦手部，比喻檳榔在口腔的傷害，令人印象深刻。鄉親也拿著菜瓜布摩擦手部，都感受到吃檳榔口腔會遭受到的傷害與不適。長年抽菸的李水泉村長說，戒菸不好戒，曾看過戒菸門診，沒有成功；今天又聽到有新方式，他會再去門診試試。這晚有四位部落族長皆出席參與，活動結束前，曾任鄉長的許玉盛族長說：「他們（慈濟人）這樣用心，他們這樣關心我們，我們大家一定要響應。我也曾經是酒鬼，差點變成酒仙，現在已經恢復健康，平常我們聚會真的不要喝酒，想要健康，要以茶代酒。」

慈濟在二〇一三年初開始，就在萬榮鄉紅葉村協助「萱草原人文關懷發展協會」辦理學童課輔的工作，該協會主要是由部落一群熱心的志工媽媽胼手胝足推動的。有鑑於部落多為隔代教養或單親家庭，為了不讓孩子放學後在外遊蕩或到網咖玩遊戲，因此希望培養孩子看書的興趣。

萱草原也開辦夜間陪讀，讓孩子們下課後能有地方做功課並有人陪伴照顧。

在部落志工團隊的努力下，萱草原獲得孩子們的喜愛。慈濟協助協會後，雖無特別宣傳，參與陪讀學生日益增加。國小學生有三十位、國中生也有十二位，李炳盛理事長表示，孩子們已習慣到萱草原寫功課，場地開門時間為傍晚六點半，但約六點就會有學生在等待。一年多來，與部落許多鄉親與學童就結下很好的緣。尤其，瑞穗的志工團隊長期也就近在部落做弱勢家庭、獨老等關懷，課輔的舉辦也因為慈濟瑞穗志工的同意與堅持。

二〇一四年農曆新年過後的課輔班新春團拜，瑞穗志工與團隊及協會共同討論新一年度繼續推動以茶代酒，並規畫三月一日在紅葉村舊活動中心，也就是課輔的場地舉辦以茶代酒宣導。前一晚雖然下著雨，協會李炳盛理事長與其夫人巫小姐與慈濟人一起分三路走訪紅葉村，邀請村民前來聽以茶代酒宣導。

隔天的宣導日，現場除了村民之外，所有學童也都參與。瑞穗慈濟志工又利用大家耳熟能詳的「桃太郎」旋律改編成的「大家來喝茶」與鄉親互動。除了每次以茶代酒團隊的宣導，為加強鄉親對節酒甚至戒酒的意志力，瑞穗慈濟志工還用心，放下身段，不計形象演出了戒酒的話劇。

話劇演完之後，參加過前一年三月十二日紅葉村第一次以茶代酒活動的楊先生上臺分享：「這個短劇是發生在我身上。喝酒有害健康，喝酒容易發生意想不到的事！我在想，我年輕時為什麼不好好珍惜身體，現在年紀大了，什麼病都有，尤其是心臟病，發作起來真的是要命！醫師已經勸過我，叫我不要喝酒，我突然覺悟，我真的不能再喝酒，所以那時候開始決心要戒酒。但是要戒酒，一定要有相當的耐心和毅力。所以我戒酒的方法是堅持再堅持！第一是遠離酒杯；第二是遠離喝酒的朋友。如果他們圍坐在喝酒，我自己勉勵自己，千萬不要過去坐，時間久了，他們知道我不再喝酒了，我就以茶代酒，所以那時候我發現我戒酒成功了！我戒酒再一個月就滿一年，這一年中，我不曾再去醫院急救，精神也很好，戒酒真的很好，在座想戒酒的話，大家一起來。感謝慈濟的志工師兄師姊用心努力的辦以茶代酒活動。你們是在幫助我們，你們是在救我們。所以我們在座的朋友如果還依賴在酒瓶的朋友，只要你們跟我一樣有耐心和毅力，相信有一天，你們會戒酒成功。現在我們來喝茶不要喝酒好不好！」楊先生這個見證分享，真是太好了。

推動有成，受邀公部門分享

慈濟以茶代酒幾年的推動，相關活動訊息傳到花蓮縣衛生局。

二〇一三年四月十二日，花蓮縣衛生局在卓溪鄉舉辦一場菸酒檳榔整合式防治會議，衛生局撥五十分鐘提供慈濟做以茶代酒健康促進的經驗分享。（照片／慈發處提供）

二〇一三年四月十二日，花蓮縣衛生局在卓溪鄉舉辦一場菸酒檳榔整合式防治會議，衛生局撥五十分鐘提供慈濟做以茶代酒的經驗分享。

當天現場除了主辦單位衛生局周傳慧科長，有來自花蓮慈濟大學尹立明、東華大學日宏煜等教授，還有花蓮縣各鄉鎮的社區發展協會代表。這一天會議之後，光復鄉太巴塱社區發展協會阿讓牧師（又稱為那麼好牧師）、萬榮鄉馬遠社區發展協會林秀蓮專案助理與鳳林鎮衛生所健康中心張甄庭專管，都極力邀請團隊前往舉辦。

鳳林鎮：衛生所相助，走入教會與教堂

五月二十一日早上八點半，張甄庭小姐就為慈濟團隊安排在鳳林鎮中興部落分享以茶代酒。中興部落的活動中心是在已廢棄的小學裡，張甄庭小姐前一天就帶著族人前來打掃佈置，讓當天中興部落的整個活動順利圓滿。

團隊在十點半時前往山興部落，山興部落活動中心也在廢棄的小學裡，可見鳳林鎮人口老化及少子化的嚴重程度。團隊抵達現場已經坐滿了鄉親。衛生局鳳林鎮衛生所護理長黃秀茹也到現場來鼓勵並介紹慈濟團隊。

在鳳林鎮這三個原住民部落推動以茶代酒健康促進，比較特殊的是

經由衛生所的安排，不像到一般部落需慈濟人再挨家挨戶拜訪或者村里長廣播。所以慈濟團隊能在六月三十日走進鳳林基督教長老教會，這一場不但受到教會與教友的認同，在慈濟團隊以茶代酒健康促進分享完了之後，陳南州牧師還請教會黃新德長老上臺，以阿美族母語將慈濟團隊分享的重點又分享了一次。

黃長老表示陳牧師提醒他，慈濟分享之後希望他能以母語與教友再重點分享一次，所以他很用心地做了筆記。黃長老分享結束後，陳牧師還特別跟慈濟團隊推薦，表示長老教會旁邊的鳳信天主堂教友更多，請慈濟團隊一定要去，陳牧師並強調部落社區民眾的健康，是大家的事，不分宗教大家要一起攜手推動。

慈濟團隊馬上過去拜訪天主堂黃修女，黃修女跟慈濟團隊說：「她在山興部落有聽到族人提到慈濟過去做以茶代酒健康促進的宣導，大家

二〇一三年十二月十五日，慈濟兩度到鳳信天主堂分享以茶代酒健康促進。（照片／慈發處提供）

反應非常好。」於是黃修女就排定七月十四日，請慈濟到鳳信天主堂與教友分享以茶代酒健康促進。當天現場七十多人，大家都非常用心參與，黃修女也坐在後面全程參與。

接著，十二月十五日又舉辦一場，會後許多鄉親紛紛分享他們的經驗。最後黃修女與大家分享：「感謝慈濟人犧牲自己的時間撥空前來分享，自從前次慈濟人前來分享後，她發現族人體認到喝酒是對身體不好的事情。有一次她前往村內關懷，那時有一群村人聚在一起，那時有人拿來一小瓶米酒，通常米酒會馬上分配一空，但我再回來看一看酒瓶後，發現那一瓶酒幾乎都沒動到，可以看見，自從慈濟人分享後帶來的改變。所以希望族人一定要保持這樣的健康觀念，愛惜身體。」一會後，黃修女又介紹慈濟團隊到光復鄉的天主堂。

馬遠村：期待又怕受傷害

二〇一三年二月二十六日，慈濟拜訪紅葉村當天也同時拜訪了馬遠村村長，馬遠村長馬平貴說自己菸酒、檳榔皆不沾，聽到慈濟要辦以茶代酒宣導表示這活動很好，很支持，很高興，也很感謝神透過慈濟來送福音。

馬村長表示，活動要避開近期的採箭筍及射耳祭，建議四月十三日後，屆時再確認舉辦日期。馬村長表示，他平時也有廣播，叮嚀村民少喝酒，但廣播後就被村民罵。他表示慈濟走過這麼多村，都受到肯定與接受，他非常期待慈濟的以茶代酒能慢慢改變村民的飲酒習慣與認知。村幹事在一旁補充說，去年村裡三十六個人往生，有十幾位都是因肝癌、肝硬化。如此的數據，顯見部落推動節酒、戒酒的重要性。這個數據與慈濟到過許多部落所聽到的一樣，許多村每個月都有年輕人因為長期喝酒過量而往生，其中不只是健康問題，酒駕意外造成家庭悲劇也很多。

由於四月十二日花蓮縣衛生局在卓溪鄉召開的社區營造菸酒檳整合式防治會議，馬遠社區發展協會林秀蓮專案助理現場也了解並肯定慈濟的分享，之後她向馬村長再次分享當天衛生局的會議，所以很快敲定在布農族射耳祭後，四月二十九日，萬榮鄉馬遠村馬遠部落在活動中心舉辦第一次的以茶代酒。

馬村長多次表達他非常期待慈濟這一次的以茶代酒宣導，因為平常

二〇一三年四月二十九日，馬遠村村長與族人以布農族八部合音，為馬遠部落以茶代酒活動揭開序幕。（照片／慈發處提供）

他常跟村民勸導不要酗酒，可能是方法不對，結果遭到村民的回罵。因此，他在宣導前，就帶動村裡有共識的族人上臺以布農族的八部合音，為當天的宣導活動做一個莊重的開場，讓慈濟團隊更感覺到馬村長有很大的使命感，要帶給部落的村民一個生命與健康的轉機。

在慈濟團隊宣導之後，當團隊問現場的馬遠村鄉親，是否願意將好的健康觀念傳給所有族人？現場鄉親都踴躍高高舉起舉手，表達願

二〇一三年四月二十九日，萬榮鄉馬遠村馬遠部落在活動中心舉辦第一次的以茶代酒，村民熱烈響應。（照片／慈發處提供）

意將好的觀念傳出去，人人願意當戒酒志工。此時喜上眉梢的馬村長，露出了喜悅的笑容，與團隊分享：「我曾廣播，叮嚀村民少喝酒，但廣播後就被村民罵。今天村民在慈濟循序引導的分享下，卻是這麼正向的回應，大家真的更了解喝酒的害處，如果能多舉辦這樣的活動，相信再幾年後，我們年輕一輩就不會再喝酒像喝水一樣，傷身又無法好好工作，部落族群要好，就一定要大家改變一些長久一來不好的生活習慣。」

接下來，是萬榮鄉衛生所健康中心安排幾位輔導戒酒的個案分享。曾嚴重酗酒的杜先生勇敢分享，喝酒喝到肝硬化、糖尿病及痛風的他，感恩師姊鼓勵，不喝酒後，很多事都做得到，孩子看他沒有醉，也願意親近他；甚至孩子的行為與學校的學習都有了很大的成長，孩子也拿到慈濟的新芽獎學金。

另一位陳先生是隔鄰部落紅葉村的鄉親，但也是健康中心的輔導個案，他分享說：「之前喝酒過量，每天都在喝，後來吐血，去醫院八次，胃也穿兩個洞。」他呼籲，「不管你多大年紀，只要喝酒，就很容易不知不覺中喝酒過量，一喝酒過量，你的身體一定會造成很嚴重的傷害，因為是我親身經歷過的，我住院太多次了，很痛苦啦！真的，千萬不要喝酒，大家還是喝香香的綠茶。」

馬遠村四月二十九日的這場以茶代酒，比較特殊的是活動中突然出現兩位不速之客，他們表示是花蓮縣衛生局來的，並問是否能照相錄影，慈濟團隊表示歡迎。原來四月十二日花蓮縣衛生局在卓溪鄉舉辦的菸酒檳整合式防治會議，慈濟團隊分享之後，衛生局就派了這些同仁來了解。

沒多久，卓溪鄉社區發展協會來文表示，經由花蓮縣衛生局的介紹，希望以茶代酒能到當地去辦。其實慈濟團隊在二〇一二年八月，就已經到卓溪鄉卓清村推動以茶代酒了。

遠見雜誌二〇〇八年九月一日曾報導「酗酒問題／花蓮卓溪鄉平均壽命四十六歲」，其中陳述「酒不只毒殺這一代的原住民，還威脅到下一代。」花蓮地方報也曾報導過卓溪鄉平均壽命未達五十歲，原因是年輕人因喝酒過量而導致肝硬化、肝癌、酒駕意外，幾乎每個月都有年輕人結束生命走掉。

也許就是這個原因，衛生局向卓溪鄉推薦讓卓溪鄉社區發展協會行文慈濟。不多久，慈濟以茶代酒團隊也經由豐濱鄉衛生所的介紹，到了豐濱鄉豐富部落與新社村。在這過程，所有花蓮縣以茶代酒已走過的部落仍然持續回去舉辦以茶代酒活動。至此，以茶代酒活動已逐漸由活動宣導變成原鄉「節制飲酒健康促進」的一個運動。

馬遠村有兩個部落，馬遠是布農族在花東縱谷區最北端的村落，共分為馬遠及東光兩個部落，是萬榮鄉布農族主要居住地，人口有一千三百多。馬遠村人口較密集的是馬遠部落一至四鄰，東光部落五至九鄰村民居住地較廣也較散，聚集不易，與紅葉村較比鄰。

二〇一三年五月二十六日星期天，萬榮鄉馬遠村東光部落在社區活動中心舉辦東光部落第一場以茶代酒。以茶代酒活動前，瑞穗慈濟志工親自走訪東光部落的家戶，向鄉親邀約，也順道關懷個案，並推廣靜思好話，淨化人心。活動開始，馬村長還是又邀請族人以布農族八部合音，莊嚴了當天以茶代酒健康促進宣導活動。

接著瑞穗慈濟志工以一首「美麗晨曦」帶動現場的東光部落鄉親，慈濟人與東光部落鄉親像一家人手牽著手，活絡了參與的近五十位鄉親。二〇一四年三月二十五日，慈濟團隊與瑞穗志工再次回到東光部落活動中心舉辦以茶代酒。

三月二十五日，是很感動的一天，慈濟推動團隊又回到東光部落活動中心，鄉親非常踴躍前來參與以茶代酒宣導活動，時間未到，報到區已排長龍等待。有的鄉親還沒用晚餐，有的工作剛下班，穿著餐廳圍裙就過來了。沒多久，現場已座無虛席。好在當時天氣還不是炎夏，否則裡面會非常熱。瑞穗慈濟志工把握時機，開始帶動「一家人」與「大家來喝茶」的歌曲，以免大家覺得無聊，也活絡現場。

雖然現場已座無虛席，突然又湧進一群人，詢問之後才知道，許多教會的家庭聚會與團契都取消了，為的就是讓所有的鄉親都能過來參加這場活動，不大的活動中心容納進了近百人，慈濟志工趕快幫忙又去拿了一些椅子。為了讓所有的人都能完整聽到以茶代酒健康訊息，活動也往後延遲了一些時間。

更感動的是在慈濟團隊分享以茶代酒之後，很多部落的重要人士一個接著一個分享他們的感受，每一位的分享都很真誠，都很有涵容的心。

東光社區發展協會馬理事長致詞時說：「希望以後天主教、基督教和慈濟不要分彼此。今天要感謝慈濟功德會來這邊帶給我們健康的訊息，第二個感謝大家那麼踴躍參加，第三個感謝代表會王副座還有前任理事長，還有東光教會的牧師都非常支持這個活動。感恩牧師，因為這裡有很多的教友、很多幹部長老，長老說，今天教會的活動停止，來參加這邊的活動，牧師非常支持戒酒的活動，也感謝今天有一半天主教教友。」

代表會王金華副主席為了讓更多人來參與以茶代酒活動，他們夫妻挨家挨戶邀約，甚至幫忙接送鄉親。他說：「有許多教會暫停一次晚上的禮拜，讓教友前來參加。這樣的努力，讓今晚與會鄉親相當踴躍，座無虛席。今天不必分天主教基督教，重點是我們人生要怎麼樣活得更健康更有意義。慈濟有很多的經歷告訴我們海內外不分種族、國家、宗教，大家彼此互助幫忙。慈濟基金會非常關心我們的健康，這是基金會今晚的重點，事實上，社區民眾的健康之外，家庭有需要協助的，慈濟也一直在幫忙。這些事如果慈濟與教會一起來關心，我們的健康會更好，我們的生活會更好。從電視、報章雜誌都看得很清楚，慈濟在全球幫助了許多國家，今天又再度回到我們社區，送來這麼好的福音。」

瑞穗蔡秀鳳師姊看到這麼多人真誠地分享，馬上準備了海燕風災簡報，分享慈濟人如何幫助災民重建家園、慰撫心靈的傷，讓災民重拾笑顏。鄉民經由分享，知道菲律賓是一個天主教的國度，慈濟卻如此全方面地救助，大家都很感動。聽完海燕風災的故事及看到一張張照片，長老帶著所有鄉親祈禱，有些鄉親哭了。有人繼續觀看海燕風災畫面，有人低頭虔誠祈禱。瑞穗志工也早就準備好竹筒，因為每一個時刻，能啟發一個愛心，就是一顆顆愛的種子。鄉親都踴躍認養竹筒，每一個愛的種子都是美善社區的力量。

王副主席拿著竹筒上臺又表示，「平常到了活動最後只剩小貓兩三隻，但今晚沒有一個人走出去，讓我很感動。慈濟用愛幫助全世界。我們何不把口袋寬裕的錢或零錢丟進竹筒交給他們，可以幫助到全球那麼多的人。什麼叫沒有錢，我們已經那麼幸福了，政府給我們很多補助，和菲律賓災民是天壤之別。好好珍惜把握機會，幫助他們，希望大家用愛心，即使是少許的錢，對全世界需要幫助的人也是幫了很大的忙。」

慈濟在原鄉推動以茶代酒健康促進活動，乃至逐村逐部落成立茶友會，是從公衛的角度，來改善原鄉民眾的健康，是從整個社區去健康營造，讓所有社區的民眾，知道現在整個社區所面臨的健康問題，問題的癥結就在酒害，而慈濟團隊所做的主要工作是在將健康的訊息經由各種機緣、場合傳達到原鄉的所有鄉親。

長者了解健康道理，我們希望他告訴他的家人族人；青壯年了解健康的道理，他們不會隨處喝酒，做孩子的壞榜樣。還有，健康的道理不是聽了一次兩次就能有毅力改變過來，還需要整個社區不斷利用各種方法、機會與場合，集體的帶動、彼此鼓勵。幾十年來在原鄉普遍偏多的酒精依賴人口，造成了許多痛風的人口，肝硬化的病變，每個月都有青壯人口因為酒害而離開。當我們從整個社區民眾的觀念去改變，就可防

慈濟志工組成戒酒關懷團隊，順著以茶代酒活動的因緣，主動走入社區持續關懷。（照片／慈發處提供）

微杜漸，十年、二十年之後，原鄉一定可以再找回健康。

在經過幾年以茶代酒健康促進推動之後，慈濟志工看到部落改變的希望，尤其，慈濟志工帶著那些酗酒者參加以茶代酒宣導之後，有了動力想要改變以前糜爛的生活，但一個酗酒者想要戒斷酒癮需要有團體彼此的鼓勵支持，才較容易持之以恆到成功戒酒。

花蓮中部鳳林地區慈濟志工

長期關懷社區，他們很清楚這一點，所以經過志工自行討論之後，決定要趁著以茶代酒推動，在中花蓮建立慈濟志工陪伴與鼓勵的團隊，主動組成「戒酒關懷團隊」。

慈濟資深志工林慧美跟團隊分享：「我們長期在關懷社區，酗酒者我們常常只能勸導，但常常是愛莫能助。自從以茶代酒推動之後，我們也會帶酗酒者去聽分享，很多酗酒者聽了分享之後，都有一個動力想要戒酒，但陪伴支持鼓勵的力量一定要銜接上，所以我們花蓮鳳林地區的志工就主動成立『戒酒關懷團隊』。他們選定了一位戒酒班的班長，並定期邀班員到慈濟鳳林共修處茶敘，有些不能來參加茶敘的，我們就家庭訪問；班長也會定期邀約班員茶敘，以前相邀是喝酒，現在大家相邀一起是喝茶。」

戒酒關懷團隊關懷的個案共二十八位，已經明確完全戒酒而且能常

中部花蓮慈濟戒酒關懷團隊關懷成立戒酒班，隨機前往關懷近三十位戒酒者，不斷鼓勵與引導。（照片／慈發處提供）

主動站出來勸導族人的有四位，酗酒行為已經改變，並且常常以茶代酒，已經可以找些工作來做的是最多有十多位，而慈濟轉介戒斷並加以陪伴的也有三位。另外，酗酒已經非常嚴重，身體已嚴重到內臟機能衰竭而往生的也有三位。慈濟戒酒關懷團隊定期舉辦酗酒者的茶敘給予鼓勵，輔導投入專注性的環保回收與分類，社區戒酒班的突襲關懷，個案的家訪。

每一次以茶代酒專案推動團隊到中花蓮與志工座談，聽他們的分享，感受到他們為了這些苦難中的酗酒者，用盡心思拉他們一把，聽到成功的個案，大家歡喜，神采飛揚；聽到無奈個案，哽咽婉惜。這些只求付出，不求回報的菩薩團隊，很是令人感動。

明利村劉添順村長，是非常有愛心的教會長老，每次慈濟人到明利村達可汗部落（上部落）與馬太鞍部落（中部落）關懷，他只要有時間都會陪伴在側，他表示上部落酗酒者特別多，經濟也特別不好，慈濟人長期陪伴關懷，給予及時的經濟協助、房屋修繕，生活支持與鼓勵，給了村里非常大的幫忙。

中部花蓮的慈濟「戒酒關懷團隊」與慈濟在北部花蓮結合社區協會與村辦公室來共同關懷社區的模式有很大的不同，許多社區的關懷健康營造，會因不同的社區在地力量，而有不同的發展。

比如在萬榮鄉的紅葉村與馬遠村的東光部落，慈濟因為協助社區營造與課輔，而與社區一些年輕的協會青壯年鄉親有了很好的互動。簡志隆先生平常熱心部落，曾協助馬遠村東光部落與關心紅葉村的課輔，慈濟推動團隊為了帶出社區在地的力量，尤其是青壯年的力量，提出成立青壯年球隊，讓這些青壯年能在工作之餘，有一個正常的團體體育活動。

簡志隆先生非常認同，很快地就與慈濟共同在紅葉部落成立兩個球隊。二〇一五年八月三十一日成立了「阿又耳排球隊」與「BULU 壘球隊」，BULU 的太魯閣族語是痛風的意思，以痛風取名，有彼此提醒，以喝酒會痛風為戒的意思。

慈濟提供了隊球、球具、球衣等，經由球隊的成立，慈濟團隊與球隊成員有了更多的機會來做交流。由於白天有一大半青壯年固定有工作，所以慈濟團隊就與兩個球隊成員，在十一月七日在壘球球員陳先生家舉辦了交流互動。

當天，慈濟團隊安排了以茶代酒健康促進的分享，讓這群青壯年了解酒害給原鄉帶來許多鄉親健康與生命的威脅，也就是痛風、肝硬化與酒駕意外。在聽過以茶代酒分享之後，有球員的太太分享：「以前先生回家是找酒喝，現在回家是找壘球打。」另一位已喝酒成癮的陳先生當場與大家分享：「我因為酗酒，我太太要跟我離婚，現在自己身體也出現狀況，才知道健康的重要。我希望現在的年輕朋友大家在還沒有喝酒成癮前，就能照顧好自己的身心，並要告訴所有自己所接觸到的朋友族人，喝酒會不知不覺成癮，成癮就會難以自拔。自從球隊成立這一陣子，我也常參加球隊的活動，說真的，當在球隊打球時，我常會沉醉在那一份輕鬆愉快的感覺裡；但當離開球場，酒癮又來敲門，很辛苦的與酒戰鬥。」

慈濟團隊辦理紅葉部落球隊成員交流活動，共同了解酒害，推動健康新生活。（照片／慈發處提供）

慈濟團隊感謝陳先生願意以自己的例子與大家做見證，並與所有年輕人分享：「我們很高興有這個機會與各位紅葉村年輕朋友來交流，今天慈濟來到這裡只有一個希望，那就是我們紅葉村的居民都能更健康，家庭更美滿，社區更和樂。雖然我們並沒住在紅葉村，但這幾年來，我們與紅葉村的鄉親就像是一家人一樣，所以各位的好，就是我們的期待。同樣的，各位是紅葉村的居民，紅葉村社區環境的好，是各位居住的地方，各位每天都在這裡生活，所以如果平時我們能為社區做一點服務，做一點改善，我們紅葉村就會好一點。所以我們今天聚在這裡的年輕朋友們，如果我們大家能夠常常為社區做一點事，不管是關懷長者，關懷青少年，關懷社區的環境，乃至於將以茶代酒健康促進的健康訊息帶給社區的族人，我們的社區就會多一點美善。」

簡先生很認同，就鼓勵在場所有球隊成員都能主動關懷自己的社區。從此，就常常聽到排球、壘球隊的青壯年志工有時在社區割草，有時為紅葉國小的壁癌牆壁粉刷，關懷社區的行動正在紅葉村一點一滴地擴散。

四 光復鄉 傳統階層有規範 部落一心為健康

光復鄉太巴塱部落以茶代酒健康促進的推動同樣要追溯到二〇一三年四月十二日，花蓮縣衛生局在卓溪鄉舉辦的那場「花蓮縣社區健康營造暨菸酒檳榔整合式防治會議」。

當時阿讓牧師就極力邀請慈濟團隊一定要到太巴塱部落去。阿讓牧師是光復鄉太巴塱社區營造協會（也是鶴岡社區營造協會）理事長。阿讓牧師很詳細跟慈濟推動團隊介紹太巴塱部落的概況。太巴塱社下轄四個村六個部落，人口老化外移嚴重，人口數十年來從一萬九千多人降到一萬三千多人，部落喝酒人口約一半，大多信奉天主教與基督教，為部落鄉親改變喝酒的習慣，打造一個安全社區是她一直盼望的事。

但有一件事是她必須告訴團隊的，那就是以茶代酒健康促進活動要在太巴塱四個村順利推動，還是要先向太巴塱部落王成發總頭目帶領的頭目階層，也就是「老武娃」、「拉武威志」兩個階層的耆老先分享，得到了這一個階層的同意，才可以進一步在部落裡宣導。這是長久以來阿美族的一種社會分工與尊重。

慈濟團隊這才了解，阿美族到現在社會運作仍有「頭目暨年齡階層」、「祭司（巫師）」、「母系祭嗣」三大要素組成。年齡階層是由男性所組成，從三十歲到九十五歲共分十三個年齡階層，五年為一個階層，一到八階層稱為 **Kalas**，是長老的意思；九到十階層為壯年，十一到十四則稱為 **Kapah**，是青年的意思。每個階層都有其特殊的含意與所賦予的使命。階層內嚴格執行紀律，並承擔族內公共工作事務。而上面提到的老武娃 **Lawaw** 是第六階層約 71~75 歲，以及拉武威志 **Lawic** 是第七階層約66~70歲，是部落有能力處理部落事務的耆老。

二〇一三年十月二十九日，阿讓牧師協助安排慈濟團隊在東北活動中心跟總頭目及老武娃、拉武威志等耆老階層分享以茶代酒健康促進。這一天王成發總頭目、林政治祭師也都到了。原本這一天的分享就像一場入門考試，有的人可能會想，要是耆老不同意呢？要是有耆老認為為什麼要把我們酒的文化改成喝茶呢？這也是以茶代酒推動之初許多人心裡的擔心與疑問。

尊重族群文化，逐步推動以茶代酒

但慈濟推動團隊並不擔心這一點，而且充滿信心，原因是在慈濟的分享中有幾個重點，都是肯定原民鄉親的傳統與文化，比如早期原民的社會規範都是很嚴謹的，為了在豐年祭或嫁女兒娶媳婦向祖先感恩，就會釀小米酒來祭祖，這些小米酒只有耆老可以喝，年輕人要喝需要經過耆老同意。而且，早期小米產量並不多，釀製過程繁瑣，並非隨手可得；小米產量有限，當然釀的小米酒也有限，所以早期原鄉並沒有酗酒、痛風或痛風石。分享過程，很感謝北富村萬中興村長協助即席翻譯成族語，以方便在座平均近八旬的耆老們更容易了解整個以茶代酒內容。

在太巴塱對耆老階層以茶代酒分享完後，萬中興村長很高興表示：「今天終於知道『以茶代酒』對身體有什麼重大的意義，經過慈濟團隊的說明後，有了一個全新的觀念，茶在部落是陌生的東西，以前有，但因為時代的關係，慢慢就淡忘了。今天重新將茶文化提出來，我相信對部落來講是一個很正面的意義，尤其是『以茶代酒』這部分，酗酒在部落是個非常嚴重，不可避免需要正視的問題，如何讓健康的概念傳達給部落，了解酒對身體的傷害，透過今天的課程，讓族人知道酒如何傷害

在阿讓牧師安排下，慈濟團隊為耆老階層分享以茶代酒健康促進的意義，獲得了耆老的支持，活動也順利在部落推動。（照片／慈發處提供）

我們的身體器官，讓我們的生活透過茶慢慢來改變，所以今天的課程是非常正面，非常有意義的。」

王成發總頭目客氣地表示：「今天召開這樣的宣導會，對我們部落來講，是第一次，很多地方很感動，對我們耆老、族人有很大的幫助，因為我們都是務農的，所以怎樣維持健康，我們都不大了解，聽了宣導課程後，才了解如何

慈濟團隊在太巴塱進行的第一場以茶代酒說明會相當圓滿，會後與王盛發總頭目、萬中興村長及阿讓牧師合影。（照片／慈發處提供）

才能有一個健康的身體。剛剛我已問了與會的耆老們，是不是讓這樣健康推廣的課程繼續在部落推動，大家都贊同，沒有人反對，我們也接受這樣的活動能多辦一點，尤其我們原住民不知道如何吃得健康，這樣的活動我們很希望能繼續下去，希望部落在健康的部份能有所改進，成為一個更好的部落。謝謝你們。」

太巴塱社區營造協會理事

長阿讓牧師也表示她的看法：「今天的活動除了健康促進外，是讓頭目、耆老們能了解與認同慈濟來推廣『以茶代酒』活動，過去一直希望改變我們部落的飲酒習慣，早期在豐年祭時，從耆老手上拿到一小竹杯的米酒是一件非常榮耀的事情，不是每天都有酒喝，一年只有這麼一次，現在因為公賣酒普遍充斥，在原民社會裡販賣非常多的酒品，讓大家覺得容易買到，好像是必需品，所以價值觀有需要被導正。這次『以茶代酒』是一個最好的媒介，當然習慣很難改變，如果能夠把習慣改變後，注入一些傳統文化意義去深入推廣，我想就能夠讓這個民族、這個太巴塱部落重新回歸到過去比較正向的、比較有精神內涵、比較有豐富文化的社會。我想這是第一次而已，以後還會有很多場的宣導，我想下一次會有五十人、一百人以上的參與。」

很快地，太巴塱部落馬上安排十一月十三日在東北活動中心做第二場以茶代酒活動宣導，這次對象是東富村、西富村、南富村、北富村四村村長，還有三十三位鄰長。王成發總頭目、阿讓牧師都有參加，另外太巴塱社區營造協會也來了三位代表。

這種有組織、有層次的分享，讓團隊覺得是最好的模式，因為團隊希望村民都來參加，人越多越能達到宣傳的效果，當然村長鄰長要先了解，才能在村裡舉辦以茶代酒活動時，知道如何去邀請村民參加；而且，村鄰長未來也是部落主要持續推動的一股在地力量。

緊接著十二月七日晚上，北富村首先舉辦對村民的以茶代酒活動，有了前兩場對耆老與村鄰長的分享，在宣導上果然有很好的效果，村民的響應很熱絡，當天東北活動中心坐滿了鄉親，連旁邊的石椅也都坐滿了。

萬中興村長看到現場民眾已座無虛席，在開始當天的宣導活動前，

有了前兩場針對耆老與村鄰長的分享，北富村的以茶代酒村民分享活動熱絡，會場坐滿鄉親。（照片／慈發處提供）

萬中興村長很嫻熟地用輕音樂帶動全場民眾做紓壓操，看到現場鄉親動作整齊劃一，每位鄉親每個動作都很到位，從這方面可以看出太巴塱阿美族鄉親仍然保持著傳統的社會組織，族人之間的彼此關懷互助，以及部落良好的凝聚力。

接著在慈濟團隊分享之後，萬中興村長以他善於帶動的經驗，用母語跟族人表示：「讓我們一起回復到我們早期

太巴塱部落四位村長邀請慈濟團隊在二〇一三年跨年晚會時，到祭祀廣場為部落鄉親分享以茶代酒的健康概念。圖由左而右劉貴滿村長、杜文昭村長、林萬德村長、萬中興村長。（照片／慈發處提供）

神聖的小米酒文化，小米酒是用來作為感謝祖先的祭品，平常鄉親聚會不要喝公賣酒，我們一起喝健康的茶。」

互動有成，參與部落大小盛會

十二月二十六日，四個村村長突然共同邀請慈濟團隊到東富村杜文昭村長家開會。在討論一些未來以茶代酒活動之外，慈濟團隊也跟村長們提及，臺灣將步入高齡社會，許多長輩居家安全非常重要，希望與四位村長共同一起為獨居長者、兩老相依及身障者做無障礙空間改善，村長們都覺得很好，並共同討論明年開始推動這個計畫。

這時候，杜文昭村長跟慈濟團隊表示，他們四位村長共同討論想邀請慈濟團隊能於十二月三十一日晚間九點在太巴塱祭祀廣場做以茶代酒健康促進的宣導。他們表示部落跨年集會活動是每年祭祀廣場重要活動之一，許多在外地工作的族人都會回來，預計當日參與人數將會有數百人，期待慈濟能在這天與所有族人分享「以茶代酒健康促進」的意義，讓更多的族人能了解到酒的神聖價值及酒與健康的關係。

村長們並表示，在這一晚，所有族人會聚集在祭祀廣場一起跨年，各個教會都會有節目。慈濟團隊聽了覺得非常高興，因為團隊從許多訊息了解，太巴塱祭祀廣場對這裡族人的意義是非常神聖，在這麼重要的

二〇一三年十二月三十一日太巴塱族舉辦跨年集會，祭祀廣場坐滿族人，慈濟團隊也首次在露天舞臺上進行以茶代酒健康促進。（照片／慈發處提供）

日子，邀請慈濟來做以茶代酒宣導，可以看出四位村長們對族人的健康與「神聖酒的文化」的再重現，拒絕族人受到公賣酒的傷害做的努力。

十二月三十一日晚上，冷颼颼的寒風還飄著一絲絲的細雨，但擋不住熱情的太巴塱族人，在廣大的祭祀廣場，看到周圍一個個的帳篷都坐滿了太巴塱族人，有許多人著教會的唱詩班的長袍，跨年晚會肯定有很莊嚴的聖歌表現。

細雨斷斷續續，為了以茶代酒能讓太巴塱鄉親從視覺有更深刻的印象，慈濟團隊在舞臺上掛上「慈濟基金會健康關懷」的布條。這是慈濟團隊第一次在露天的戶外舞臺上做以茶代酒健康促進的分享，現場鄉親是不是會專心聽？能不能聽得清楚？還有，剛剛下著細雨，大家是不是會到沒有帳篷的舞臺前來聽分享？這些都是讓團隊很擔心的。

不多久，老天幫忙，以茶代酒剛要開始前，細雨突然停了，團隊趕快架起了白色螢幕，雖然在這麼大的場合，不見得鄉親看得清楚，但簡報裡的圖像很大，還是看得到。同時，部落許多鄉親與慈濟志工迅速把塑膠椅整齊排好，鄉親也紛紛坐到臺前的椅子，很快地，臺前坐了數百位鄉親。

壽豐鳳林的慈濟志工來了不少人，他們上臺帶動「好快樂、好歡喜」

與原民鄉親一起感受節慶的氣氛，也凝聚了鄉親的注意力。接著以茶代酒開始，現場一片寂靜，只有分享者的聲音；當分享者詢問現場鄉親「將今天聽到的健康訊息告訴家人好不好？」現場齊聲回應「好！」

接著，臺上又詢問願不願一起當戒酒的志工，願意的請舉手時，看到現場的鄉親都舉起了手，這才讓慈濟團隊鬆了口氣。慈濟志工在發送茶包與茶杯時，看到每位鄉親都露出歡喜的笑容，有的鄉親還肩並肩，有韻律地哼著「以茶代酒，健康久久」，這句後來成為太巴塱的以茶代酒

熱情的太巴塱族人高舉著手，響應以茶代酒，擁抱健康的理念。（照片／慈發處提供）

標語。晚上十點多，當慈濟團隊結束這天的分享要離開時，幾位村長又叮嚀五月份的母親節也是太巴塱族人的大節日，也邀請團隊要過來分享。

二〇一四年農曆年過後，以茶代酒持續在太巴塱部落各村舉辦。三月十四日，東富村與北富村在東北活動中心聯合舉辦以茶代酒宣導，這一天村民來了一百三十多人，是舉辦以茶代酒以來，除了祭祀廣場的宣導以外，最多人的一次。隔了一週，三月二十一日，西富村、南富村公同在西南活動中心舉辦以茶代酒宣導活動，也來了八十多位村民。

五月九日，慈濟團隊依約到祭祀廣場參與太巴塱每年一度的母親節盛典，因為阿美族是母系社會，母親節是太巴塱的重要節日。這一天祭祀廣場來了數百人，除了謝忠淵鄉長、四個村村長，各個協會代表、鄉代表及楊縣議員等，所有人都知道現在太巴塱為了族人的健康，正大力在推動以茶代酒，也知道部落邀請慈濟來再做宣導，所以每一位貴賓致詞時，都會對以茶代酒給予肯定，也都會提醒族人平常聚會多喝茶，不要喝酒。

慈濟義診，結合茶友會成立

六月二十一日，慈濟在太巴塱國小舉辦大型義診，花蓮縣光復鄉太巴塱社四個村內無診所，又因年青人口外移嚴重，村內多數皆為六十到九十歲的長者居多，且四村距離光復市區有一段距離，約十到二十分的車程，有些長者不會開車，往往忍到身體出狀況才會出門看診，所以，義診或巡迴醫療隊對當地無法自己到醫院去看病的長者而言，是非常需要的。

因此慈濟基金希望透過這次義診活動，提供及時的醫療照護及宣導衛教，尤其對四大癌症做衛生教育。此次提供的科別有家醫科、婦科、眼科，也安排了十臺牙科診療臺。此外，針對高齡化社會需求，規畫長者智能健康檢測及健康促進，主動發覺失智或輕微失智長者，及時給予適當的治療。

這一天的義診活動前，有個重要的儀式，也就是太巴塱部落的年長婦女宣示成立「茶友會」。由於該年三月九日開始，慈濟團隊除了以茶代酒健康促進的宣導之外，為了在各村有扎根社區的力量，逐村逐部落成立茶友會。

太巴塱部落當然也知道，想要以茶代酒健康促進能達到最好的效果，就要在部落成立茶友會，讓部落有在地持續推動的力量，這一股推動健康的力量才會不斷地擴散。就像有位公衛的專家所說的，如果以茶代酒有效推動，再十年二十年，原鄉就再也沒有這麼多痛風與肝硬化，或因酗酒而無法工作的問題。這一天義診前，太巴塱部落自己募資做了一件黃色的圓領衫，正面是太巴塱代表愛與關懷的白螃蟹標誌，背面是「以

太巴塱部落募資製作的茶友會圓領衫，正面是太巴塱的白螃蟹標誌，背面是「以茶代酒，健康久久」標語。（照片／慈發處提供）

茶代酒，健康久久」。

義診當天，光復鄉謝忠淵鄉長、衛生局周傳會科長，還有所有協會的志工都到了，在謝鄉長致詞完了後，萬中興村長邀請部落年長婦女穿著黃色以茶代酒的圓領衫上臺，成兩列代表部落宣示茶友會成立，並高喊「以茶代酒，健康久久」做宣示。

這時部落王成發總頭目看到十位婦女代表宣誓茶友會成

母系社會的部落年長婦女，身著茶友會制服，代表部落宣示茶友會成立。（照片／慈發處提供）

立非常感動，就主動爭取發言，勉勵所有長者，要帶動所有族人愛惜生命，改變飲酒的習慣。接著，王總頭目代表部落感謝慈濟為砂荖與阿陶莫兩部落成立長者幸福共餐據點，以及為三十八戶長者做居家安全改善的施作。

總計，此次義診慈濟動員志工含醫事人員及一般志工總共一百六十一位，服務了一百七十多人，三百多診次。

當天並評估有七位長者要做全口假牙，由於全口假牙並非一次就可以完成，必須有清理打磨、取齒模、製作、合模以及回診檢查咬合，每一位至少都有五、六次以上，慈濟特別借用鳳林鎮賴岡釁醫師的欣岡牙科診所做後續治療地點，方便光復鄉的長者不必長途奔波，並由花蓮慈濟醫院李彝邦醫師每週從花蓮到鳳林，擔任七位全口假牙的主治醫師，並感謝北富村萬中興村長每次都撥冗帶七位長者到鳳林治療，並全程陪伴。許多愛心的工作是要人人出些力量才可順利圓滿。

緊密互動，從關懷到救命

在七位全口假牙的長者中有一位萬奶奶，不但在這一次完成了全口假牙的治療，這一年三月，慈濟團隊到太巴塱部落協助獨居長者做居家安全改善時，發覺萬奶奶頸部腫瘤非常大，不取出恐怕會嚴重影響其日常生活，慈濟團隊馬上徵得其家人同意，轉介花蓮慈濟醫院。

經慈濟醫院耳鼻喉科周昱甫醫師診察，做斷層掃瞄，研判腫瘤已壓迫頸動脈與喉嚨神經，不開刀將導致腦部血流量不足而中風，經阿嬤與家屬討論後決議接受開刀治療，手術日期為五月廿八日。手術經五小時取出困擾已久的甲狀腺瘤，隔天就看到奶奶露出微笑。這些都是在缺乏醫療的偏鄉原鄉，看到了醫療問題所能給予的及時醫療關懷。

五 豐濱鄉 以茶代酒為健康 愛心竹筒共行善

二〇一三年三月一日，慈濟團隊拜訪豐濱鄉劉靜芳鄉長及衛生所，劉鄉長表示豐濱鄉老年人口多，年輕人大多在外地工作，老人居家安全確實非常重要，感謝慈濟在豐濱鄉為這麼多老人裝安全扶手、無障礙空間等居家安全的改善。對以茶代酒她樂觀其成，如能成功，對部落會很有幫助。接著團隊拜訪衛生所偕淑惠主任，偕主任表示七月二十七日豐富部落有無菸一條街揭碑儀式，當天人多，辦以茶代酒健康促進宣導活動最適合。

無菸無酒，健康長久

豐富部落是在鄉公所往南丁仔漏溪斜坡上右岸臺地一個部落，部落內居民信仰以基督教長老教會與天主教為主，部落基本上就是一條主街。七月二十七日一大清早，慈濟社區志工來了二十一位，協助報到、座位安排、投影、茶水等。這一天除了偕主任，豐富部落張阿木理事長也邀請了新社村復興部落王明源理事長共襄盛舉。復興部落是豐濱鄉第一個無菸部落，大部分的復興部落鄉親是真耶穌教會，如前面所述，該教會對教友的菸酒檳榔規範較為嚴謹，所以復興部落推動無菸節酒是較為落實。

這天，豐富部落因無菸一條街的揭碑儀式，許多族人都盛裝與會。在慈濟團隊「美麗晨曦」的歌聲帶動下，鄉親很快地融入宣導活動中。

十一月十七日，豐富部落舉辦第二次的以茶代酒宣導活動，本身是阿美族的宥嫺師姊，帶了姊姊的六位孫子女跳起阿美族的縣舞，馬上吸引所有大人的目光，也跟著節奏拍起手來。小朋友的縣舞表演後，豐濱社區發展協會的理事長張阿木，起身向一群族人們說了幾句語，她們即起身，也來一段原民舞蹈。

阿美族舞蹈一向很有帶動力，慈濟師兄師姊也一起跟著跳了起來，全場融在一起。每次宣導前的暖身，常能讓鄉親更加的專注，所以接著的專案團隊分享以茶代酒，全場大家都很專注聆聽。

分享之後，張阿木理事長起身跟大家分享，以前他會喝一些酒，但七月的以茶代酒分享後，他了解了喝酒常會不知不覺成癮，喝酒對身體有許多壞處，包括健康、無法專注工作、酒駕意外與家暴等，「我們每個人都對未來族群孩子們都有做表率與引導的責任，所以我現在每天已經不喝酒了，早上起床也不會打嗝，腳也不會麻，身體變得很輕。」

林大榮部落頭目也上臺分享：「我非常認同今天慈濟的分享，原來我們的健康都受到酒的影響，我們工作的態度也會受到酒的影響，甚至

二〇一三年七月二十七日，豐濱鄉豐富部落無菸部落揭牌，慈濟團隊也受邀於當日宣導以茶代酒。

於酒駕意外所造成的悲劇，也是喝酒的問題。我們要恢復到早期是用小米酒來祭祖的良好風俗，不要再喝公賣酒傷害自己的身體。慈濟志工總是不會忘了要利用各種機會啟發社會的愛心，他們分享了菲律賓的風災，並以一家人帶動全場，看到所有鄉親大家動作一致，整齊劃一，感受到大家都能心念齊一。」

這一天，志工準備了

二〇一四年三月十六日，林金生長老帶著鄉親將愛心竹筒捐給慈濟，勉勵族人藉著慈濟人的力量，將愛心送到需要的人手上。（照片／慈發處提供）

三十二支愛心竹筒，很快地都被領走。等到二〇一四年三月十六日，慈濟受邀再度來到豐富部落時，看到許多鄉親手拿著竹筒，來獻出愛心。

林金生長老帶著鄉親將竹筒捐給慈濟，捐獻之後，他跟所有族人說：「我們沒有辦法走到海內外去幫助那些需要被幫助的人，但是我們可以藉著慈濟人的力量，將我們今天的愛心送到需要的人手上。」

戒酒有成，獲標章認證

豐富部落張阿木理事長幾次跟慈濟人分享，現在部落大部分的族人都喜歡喝茶，而且由於多次的以茶代酒分享與互動，村民只要有家人回來，大家都會跟家裡的年輕人分享以茶代酒才會有健康的身體，去開創自己的事業。

剛開始推動以茶代酒時，張理事長還很擔心大家會習慣喝茶嗎？但現在很放心，喝過茉莉綠茶的鄉親都覺得非常香，非常好喝。而且他有去了解，所有喝茶的鄉親都覺得喝茶以後身體變得更輕鬆，有痛風的人也都比較不會再發作。此時的豐富部落不只是無菸部落，也是節酒部落。

張阿木理事長還分享說，衛生所來告訴他，現在很多人都不喝酒了，要不要在已不喝酒的家門口貼一張「我家不喝酒」，這樣也是很好的帶動。張理事長告訴慈濟團隊說：「我們告訴衛生所，當整個部落大家都不喝酒，也沒有人去找酒伴，也就不需要這張貼紙了，所以讓整個部落成為節酒的部落更重要。」

眾人皆戒酒，宣導計畫方停歇

豐濱鄉新社村李文盛村長是慈濟志工，而且在這個偏遠的部落有三個慈濟授證的志工，另外，也因新社村大力推動環保推動，還有不少見習志工，從二〇一三年豐富部落開始推動以茶代酒活動，李村長就帶著團隊每一場都參與。二〇一四年四月二日，以茶代酒專案推動終於走到新社村，新社的活動中心場地不大，就借用新社國小的場地，幾次在這裡推動，村民都很踴躍。

新社村有三個部落，除了新社部落外，還有前面提到的復興部落，是一個無菸節酒部落，另一個是東興部落，二〇一五年四月二十二日，

二〇一五年五月五日，東興鄉親宣誓將部落打造為節酒部落。

豐濱鄉衛生所新上任的黃秀茹主任，邀請了新社村基督教長老教會任家宏牧師、新社村李文盛村長與慈濟一起討論部落節制飲酒的問題。黃主任力邀本會參加五月五日東興部落「節酒部落」的揭牌儀式。

揭牌儀式當天，早上九點東興部落現場已坐滿了鄉親，部落將近百人參加這次揭牌儀式。開場時由新社國小小朋友表演健康操，接著登場的是合起來超過三百歲的阿公阿媽的健康熱舞。

衛生所黃秀茹主任致詞時特別說：「未來將與慈濟基金會合作，協助部落村民戒酒，沒有結束的一天，除非大家都戒酒了。」曾金水鄉民代表也分享說：「我信真耶穌教，雖然我常要應酬，但不喝酒並不會讓我覺得沒面子。」接著大家一起宣誓，大會也安排了大的珍珠板讓村民宣誓後在上面簽名。最後，現場近一百位村民列隊淨街掃街活動。

六 卓溪鄉 以茶會友遍全鄉 部落永續人安康

卓溪鄉有六個村，從北到南分別為崙山村、立山村、太平村、卓溪村、卓清村、古風村。其中除了立山村的兩個部落，立山部落是太魯閣族，山里部落是賽德克族外，其它五個村皆為布農族。這剛好跟萬榮鄉相反，萬榮鄉是只有馬遠村是布農族，其它皆是太魯閣族。

媒體尖銳觀察力，原鄉酒害共戮力

遠見雜誌在二〇〇八年九月一日刊登了特別報導「酗酒問題／花蓮卓溪鄉平均壽命四十六歲，被酒侵蝕的社區」，陳述酒是原民的殺手。裡面寫到：

「酒不只毒殺這一代的原住民，還威脅到下一代。從二〇〇四年起，原民比例達九成五的卓溪鄉，死亡人數已超越出生人數，去年死亡人數九十二人，出生人口只有七十三人，每年死亡人數相當於一間小學的人數，從二十到八十歲都有，平均壽命下降到四十六歲，」林正輝提出警訊，「而九成五的死因都與酒有關。」

該篇報導特別介紹臺灣基督長老教會布農中會林正輝牧師，為了部落的酒害問題，用心地推動循序漸進的節酒計畫，令人欽佩。

經由衛生局介紹，花蓮縣布農族社會永續發展協會知道了慈濟在花蓮有規畫的推動以茶代酒健康促進運動，也協助村民學得一技之長，幫助改善經濟問題。故協會邀請慈濟在二〇一二年五月二十五日，參加在卓清活動中心「一〇一年度健康原氣、安全部落—原住民事故傷害防治計畫」會議。

當天衛生局特別派黃瑪娜及林瑞琦小姐與會，而在這次會議中，慈濟團隊也認識了花蓮縣布農族社會永續發展協會總幹事林正輝牧師，他正是遠見雜誌中特別專訪，用心在部落推動「節酒計畫」的牧師。另外還有卓溪鄉衛生所代表、卓溪鄉各村事務組長、卓溪鄉原住民家婦中心，與會總共人數約二十多位，都是部落重要的事務推動者；慈濟長年在關懷卓溪鄉的林玉龍師兄也參與這次會議。

會議中，林正輝總幹事表示，希望先由卓清村做安全部落示範，再推廣至其他村。也向在場與會者介紹本會在景美村所做的社區總體營造，並表示非常認同慈濟醫院「以人為本」的理念，覺得大家也應朝向以人的需求為本，去思考村民需要的是什麼，不要分宗教。

協會社工慧君表示，由於卓清村飲酒問題較嚴重，且影響村民健康，酒後也易造成安全問題，所以規畫先自卓清村開始推動安全部落。林牧師隨即邀請本會分享以茶代酒。

慈濟團隊在卓溪鄉第一場以茶代酒，面對這麼用心的林牧師，慈濟團隊還是從肯定我們臺灣原民本來就是很自律的族群講起：早期的族人，只有在豐年祭、婚喪喜慶或特殊日子才會釀酒精濃度不高的小米酒來向祖先表示他們的感恩，才能在這一年能夠豐收，或告訴祖先要娶媳婦或嫁女兒。所以，酒是神聖的，是族人與祖先對話的橋樑。祭祖的小米酒，只有耆老或長輩才可以喝，年輕人沒有長輩的允許是不能喝的，而且小米產量不多，製造過程繁瑣，產量本來就是有限，所以早期原鄉並沒有痛風、肝硬化等健康問題。一直到日治時期，日本人為了增加稅收的收入，將菸酒公賣，使得後來原住民在平日隨處可買到酒，造成健康問題。

林正輝總幹事點頭認同，並回應現在不只是婚喪喜慶喝、朋友來的時候喝，連平常沒事也喝酒。慈濟團隊隨即表示，以茶代酒是希望建立整個部落族人的健康觀念，了解喝酒很容易無意間成癮而造成對個人健康、失去工作能力，酒駕意外傷害及家暴增多等問題。所以從防微杜漸的角度，重新讓所有族人看到早期自己族群嚴謹的社會規範，以及重塑當時族人健康的身體與和樂的社會。

慈濟團隊補充說明，以茶代酒宣導，是從健康觀上來引導族人，但當我們希望族人不要酗酒，也要有好的替代飲料，讓豪邁天性的族人，可以有一個好的飲料。所以慈濟特別從《一百種健康營養元素完全指南》這本書中找到了綠茶，書中特別指出：「由於綠茶含有豐富的類黃鹼與多元酚，因此可以抑制產生尿酸的黃普林氧化酶。」對高尿酸體質的原民鄉親，是最好最健康的飲料。又因為要讓綠茶喝的時候有更好更香的口味，選擇了茉莉綠茶。所以每次以茶代酒分享之後，會送給來聽宣導的鄉親每人一盒茉莉綠茶茶包，可喝三個月，及一只茶杯。

林牧師聽了後，肯定慈濟團隊對原民文化資料的蒐集與規畫的完整，並告訴現場的各村事務組長，希望以茶代酒舉辦時，村長或部落頭目都能全程協助。林牧師雖然已很用心在推動節酒運動，可是對慈濟團隊以茶代酒的規畫還是很能接受肯定，為了原民鄉親的健康，就像林牧師所說的，不分宗教，大家真的需要攜手合作。

盡人事，克服環境阻力

二〇一二年八月二日，布農族社會永續發展協會來電，告知卓清村第一次對村民的以茶代酒宣導安排在八月七日。這一天現場來了約三十位鄉親，吳玉蘭村長親自主持，慈濟醫院張玉麟院長也帶三位同仁前來參加，他希望了解專案推動團隊是如何走入部落分享以茶代酒。在卓溪鄉對村民進行的首場宣導，參與民眾的反應與互動有預期的成效，吳玉蘭村長肯定慈濟的宣導，並提議未來辦理宣導時間改在週六傍晚，參與的人會比較多。

前村長王政治則向慈濟人表示，若下次慈濟要辦這樣的活動，他會邀請村民多多來參加，因為分享讓他感覺不像一般的衛教，可讓許多族人感覺早期原民社會良好規範的榮耀，讓族人了解所謂原民酒的文化是種感恩祖先的一種神聖價值，小米酒製作過程是繁瑣而珍貴的，也了解了原來這麼多痛風、肝硬化與不知不覺陷入酒癮是息息相關。另外，一位衛生所職員，因在旁全程聆聽，宣導活動後，也表示希望有機會，邀請本會以茶代酒宣導也能在其他村舉辦。

但以五月二十五日，花蓮縣衛生局這麼有心派員參與當天的會議，又有這麼有心的林牧師在當天用心的請各村事務組長協助後續的工作，慈濟團隊原本以為這場參與的村民一定很多，但事實上人數並不如預期。

後來才了解，卓溪鄉面積佔花蓮縣百分之二十二，是全縣面積第二

二〇一二年九月二十二日，慈濟志工在雨中，為卓溪鄉卓清村清水部落宣導以茶代酒，五十多位鄉親共襄盛舉。（照片／慈發處提供）

大鄉，全國面積第五大鄉，人口只有約六千人，地廣人稀，是全縣人口密度最低的鄉。六個村十五個部落，如果以古風村為例，有崙天、古楓、秀巒、石平、白端五個部落，其中崙天部落又分為上中下三個小聚落。所以各部落分布零散，卓清村活動中心能來三十人已經很不錯了。

不過團隊還是記取吳村長建議，有些部落未來宣導時，要配合部落在週六晚上舉辦；事實上，慈濟團隊在北花蓮，幾乎都是在晚上走入部落逐村逐鄰地舉辦，每次的以茶代酒，總能讓幾十位，甚至上百位原民鄉親有健康的觀念，形成原鄉群體的認知與力量，怎麼辛苦都是值得的。但無論如何還是要感謝協會，協會很用心地馬上在九月二十二日又為卓清村在清水部落安排了另一場以茶代酒宣導，這天雖然下著雨，仍有五十多位鄉親參與，有的沒位置還站著聽分享。

部落有心，慈濟全力回應

為了讓更多的鄉親能參加宣導活動，協會未滿三個月，十月六日又在第一次舉辦以茶代酒的卓樂部落卓清村活動中心，舉辦部落第二次村民的以茶代酒宣導，十二月三十日，準時的又在清水部落舉辦該部落第二場以茶代酒宣導。卓溪鄉在這一年開始推動以茶代酒的契機，是衛生局主動連結協會，並親自到場協助，卓清村推動之後，衛生所及協會也規畫在隔年將活動推廣到其他各村。

慈濟團隊在二〇一三年七月十日拜訪了蘇正清鄉長，鄉長表示卓清村推動之後，可在太平村與古風村持續做第二波推動，並表示太平村蕭村長與協會田榮富理事長做事都很積極，與村民互動及計畫推動都很不錯，如果這幾個村能帶動起來，就可以做很良好的示範。

隨即慈濟團隊與慈濟志工去拜訪太平村社區發展協會，田理事長非常熱心地介紹目前協會在老人關懷所做的事，每位長者資料都一人一檔案，並表示慈濟團隊推動以茶代酒早有耳聞，並覺得這真的是部落現在最需要的。非常有效率地，田理事長馬上敲定在八月二十二日借用太平國小餐廳舉辦太平村太平部落第一次的以茶代酒宣導。活動當天，他與許多鄉親舉手要開始戒酒，成為節酒志工。從此，每次慈濟團隊在鄉裡或在其他地方偶遇，田理事長都會跟團隊表示完全沒喝酒了。

很快地，田理事長又在八月二十七日安排了兩場以茶代酒宣導，上午安排在卓溪鄉太平村中平部落中平派出所，玉里慈濟醫院林靖雯護理師利用以茶代酒活動，也來宣導肺結核防治。中平派出所林唐永所長用心在旁聆聽，並不時拍照。慈濟以茶代酒走過的許多原鄉村落，許多警官也都來參加，並順便宣導不要酒駕。確實，只要大家少喝酒，戒酒，酒駕問題自然就會少。

當天晚上六點，協會又安排一場在太平村中興部落籃球場。這兩個星期，協會就安排了三場以茶代酒宣導，不要看每一場人數大約三十多人，這三次活動，幾乎一半的家戶都有來參加。

每次的宣導，慈濟團隊都希望來參與的人都能夠把以茶代酒健康促進的觀念帶回去給家人、鄰居乃至於族人，所有的鄉親都會高舉著雙手表示願意，不管能夠真正落實去宣導的人有多少，透過一次又一次，一年又一年的宣導，形成一個健康、善的漣漪，相信十多年後，原鄉將不再被貼上酗酒的標籤。這兩週三場的宣導要感謝田理事長的用心安排與場場都從頭陪伴到尾的支持。

二〇一四年六月二十二日，協會安排在古風村教會舉辦以茶代酒。建築物看起來很有歷史，上面兩排字，上面一排寫著「禮拜堂」，下面一排寫著「崙天教會」。古風村是卓溪鄉最早自主推動八部合音傳統文化的村落，因此又稱為「原音部落」。

這一天，布農族永續發展協會來了不少志工，都穿著紅色的族服，很有朝氣。教會裡面還在作禮拜，慈濟團隊靜靜地準備好茶葉茶杯，以及分享的簡報，為了表示尊重，也默默地站在後面聆聽田正義牧師做最後的感謝與祝福。在介紹接下來有以茶代酒健康促進的福音後，田牧師就把棒子交給協會志工，協會志工向教會鄉親們介紹慈濟團隊在全縣宣

二〇一四年六月二十二日，布農族社會永續發展協會安排團隊在古風村教會舉辦以茶代酒，現場鄉親參與互動熱烈。（照片／慈發處提供）

導以茶代酒，為的是大家的健康，希望大家專心聽分享。

經過慈濟團隊分享後，詢問現場鄉親要不要將這樣的健康福音帶給自己的家人及族人，要的請舉手，現場鄉親高高舉起手，田牧師隨著就分享：「聽了今天的分享，我們要好好反省，身體是我們自己的，自己要好好照顧，既然喝酒容易無意間過量成癮，造成痛風、肝硬化等健康問題；而喝茶身體能健康，我們從今天開始，大家以茶會友。所以禮拜三家庭小組聚會，我們這次的慶生會，全部都喝茶，我們買飲料都很貴，而且喝茶對身體很好。最重要的是，我們應該要影響我們旁邊的人，告訴他們酗酒不單單影響家庭，還影響我們族群。」田牧師還用原住民一向幽默的口吻說：「搞不好我們族群以後要進博物館了。酗酒問題帶來的嚴重健康問題，原來我們從飲食上注意就可以解決，所以『以茶代酒』是一個很好的方式。」

有感，在手上抄重點

七月一日協會又安排在古風村石平部落的以茶代酒宣導活動，小小的石平部落來了將近五十人。黃松霖頭目非常慎重地告訴鄉親：「喝酒會傷害我們的肝臟、心臟、腎臟，所以我很慎重勸告年輕人千萬不要喝酒，喝酒無意間很容易過量成癮，我是過來人，以前喝酒喝到身體很多

石平部落李鄰長參與活動時沒有帶紙，但用心將慈濟的分享重點寫在手上，回到家還立即謄寫在筆記本上，才能知道如何跟族人分享，也提醒自己。（照片／慈發處提供）

地方壞掉，慈濟說得沒錯，酒是害了我們原住民，以前老人家，他們沒有痛風，他們住在山上，沒有酒好喝，真的只有在特殊日子才會釀一些小米酒來祭祖，小米酒也沒那麼多。我今天站出來，每一個人都要告訴我們年輕人，不要沒事就喝酒，盡量喝茶。」李鄰長沒有帶紙來，但還很用心將慈濟的分享重點寫在手上，回到家還立即

慈濟團隊再次受邀到崙天天主堂宣講以茶代酒。（照片／慈發處提供）

謄寫在筆記本上，真是非常有心。

當天協會總幹事林正輝牧師也來了，他鼓勵石平族人：「近年來很多族人因飲酒而導致肝病變、肝癌而就走掉，甚至也常聽到因酒駕意外而發生悲劇的，有的飲酒消愁卻誤喝農藥，酒在部落傷害太久了，先是傷肝，傷腎，到後來傷家人的心。所以我們要轉換這種生活情形，希望大家參加以茶代酒，轉換到每個人的生活裡，這樣我們的下一代才會更健康，生活得更好。」

在六月二十二日古風村崙天教會與七月一日石平部落辦理兩場以茶代酒之後，八月十四日，慈濟團隊又受邀到崙天天主堂。如此密集受邀在教會教堂分享，一方面感受到這兩年來在卓溪鄉的推動逐步受到肯定，也讓民眾接受，甚至在林牧師的協助下，大家以族人的健康為重，不分族群不分宗教，攜手一起合作，慈濟團隊以真誠謙卑的態度，信己無私，信人有愛人文精神，所到的每個村、每個部落都能與鄉親融合在一起。

這一次在天主堂，由於環境設備允許，為了讓天主堂的鄉親感受到慈濟人文，慈濟志工在以茶代酒宣導前就準備好香噴噴的綠茶，成兩列莊嚴地走進來，與崙天天主堂的鄉親先互動活絡，許多鄉親喝了之後，覺得很香很好喝，馬上要續杯。接著以茶代酒分享，因為這所分享的議題是所有鄉親非常重視的，所有族人都聚精會神。

分享之後，師姊們又很用心地做雙向問答，結果現場小學生是最踴躍舉手，回答也都很正確。一位大孩子還補充說希望爸爸不要喝酒，身體才會健康，看來每一場分享在青少年的心中已經埋下了健康的種子。這一天現場還有一位已經戒菸戒酒成功的張先生特別從卓清村來現場與大家分享，並鼓勵族人不但自己一定要戒酒，也一定要轉告家人以茶代酒，因為一時的喝酒，常會不知不覺喝酒過量，造成酗酒的習慣。

二〇一四年十月二十七日，布農族社會永續發展協會又邀請慈濟團隊到崙天社區活動中心宣導以茶代酒，由於這幾個月密集在古風村各部落活動中心、基督教會、天主堂舉辦多場以茶代酒宣導，這一天來的鄉親又更多，大約有七十多人，慈濟玉里志工也來了十二人。經過了解，才知道今天參加以茶代酒除了古風村的鄉親，還有卓清村清水部落的鄉

慈濟團隊在崙天社區宣導以茶代酒，時任縣議員的呂必賢長老帶動村民一起唱誦傳統布農族歌曲，鼓勵鄉親不抽菸、不喝酒、不嚼檳榔。（照片／慈發處提供）

親。

卓清村是古風村的鄰村，清水部落七月二十七日舉辦以茶代酒後，有村民跟協會問何時慈濟會再來宣導以茶代酒，協會就跟清水的鄉親連絡，他們就共同搭車前來參與這場活動。慈濟團隊一抵達崙天社區活動中心，鄉親早已坐滿現場，在以茶代酒分享前，卓溪鄉在地的縣議員，也是教會長老的呂必賢帶動村民一起唱誦傳統布農族歌曲，並說這母語歌曲內容訴說著不抽菸、不喝酒、不嚼檳榔。

呂議員表示：「今年一月至十月卓溪鄉死亡人數快破百人，三十九歲至五十九歲為最高死亡率的年齡層，令人惋惜，大多因為酒的關係。希望能結合其他的愛心團體、戒酒單位來宣導，今日慈濟在做長期關懷，願意配合來宣導，改善我們卓溪鄉酗酒問題，酗酒對於族群形象、家庭都有很大影響。我們謝謝慈濟來辦今日活動。希望卓溪鄉能夠遠離嗜酒的習慣，脫胎換骨。」

接著，現場大半的族人都上臺表演舞蹈，歡迎慈濟團隊過來。之後，在慈濟推動團隊分享以茶代酒觀念時，慈濟人也為鄉親奉上三好茶，口要說好話，心要發好願，身要行好事，彼此舉杯與身旁的鄉親問好與祝福，三好行動是祝福他人也祝福自己。飲三好茶之後，慈濟人又以日本童謠桃太郎改編的泡茶歌，帶動村民唱頌「好山好水在崙天，大家來泡茶」。

古風日托關懷站督導李先生，分享自己從五十五歲開始喝酒，後來知道痛風是喝酒造成的，現在已經不再喝酒了。李先生提到以前村里的人都知道他喝到哪裡就醉到哪裡，一喝酒就出現痛風，手腳痛得呼天叫地，腳腫得鞋子穿不下，只能穿涼鞋，手也長出許多痛風石。自從不喝酒之後，他開始去接受長照的培訓，現在也能穩定地工作，生活也開始穩定下來，沒有改變酗酒的習慣，就沒有現在穩定工作的生活，希望給大家作借鏡。

以茶代酒成為全鄉年度大事

慈濟團隊在二〇一五年三月十三日拜訪剛當選的呂必賢鄉長。因為呂鄉長還是議員時，有幾次參加以茶代酒，非常支持以茶代酒的活動，甚至在以茶代酒活動前還帶動鄉親唱八部合音。而且也從公所同仁知道，呂鄉長結婚時是卓溪鄉唯一沒有放酒的宴席。

呂鄉長告訴團隊：「他上任第一件事就是鄉公所同仁上班不能有酒味，同仁到部落關懷也不能接受招待喝酒，看到鄉民喝酒，更要提醒喝酒傷身影響健康。目前從鄉公所推動節制飲酒，員工會喝酒往往都是因為要與主管應酬，許多愛喝酒而無法戒除的員工都主動離開，留下的員工都能節制，甚至不喝酒了，許多公務員的父母、妻小都很高興。過去很多原民都在等待五十五歲可以領老人年金，結果都活不到五十五歲，絕大多數是在工地喝酒發生工安意外、酒駕或因酒而病。因此要從鄉公所做示範，甚至員工喝酒都必須要寫悔過書。」從呂鄉長的談話，感受到鄉公所對促成全鄉族人能離開酒害的決心。

呂鄉長又提出，戒酒者需要有支持的後盾，因此想在部落中成立戒酒班，慈濟團隊回應本會在各鄉鎮連結衛生所健康中心提供戒酒醫療轉介，協助戒酒個案就醫治療，並請志工做後續關懷。戒酒個案戒酒後，在回歸社會工作前，慈濟還可以請個案做簡單的環保回收，提供營養補助金，並且為了原鄉可以擺脫酗酒的標籤，也希望在原鄉有在地持續一股推動以茶代酒的在地力量，慈濟協助在每個部落成立茶友會，協助戒酒者有一個支援力量。呂鄉長非常贊同這樣的方式，並說必需讓族人了解，從工作中付出才能有收穫。

在經過了一年多逐村逐部落的以茶代酒宣導之後，呂鄉長逐步正式邀請慈濟基金會成為推動無酒部落的推動夥伴。

首先，二〇一六年八月五日卓溪鄉公所於卓溪鄉多功能活動中舉辦父親節聯歡活動，當時六個村約有三百五十多人到場參與。這是很正式的場合，鄉公所特別安排慈濟宣導「以茶代酒健康促進」，讓民眾鄉親在經過幾年的推動之後，更感受到身體要健康，就要以茶代酒，這是整個鄉、整個布農族族群的方向。當天場邊有志工義剪、按摩與卓溪鄉婦女協會的義賣活動。會場外還有肺部X光車，由衛生所為鄉親做X光檢查。

由於在卓溪鄉推動以茶代酒已有數年，當天最重要是在這一個正式場合宣布卓溪鄉要在各村各部落成立茶友會。這一天，卓溪鄉婦女聯誼協會理事長黃愛玉與婦女會的姊妹們聽了慈濟團隊的分享後，非常認同，黃理事長帶著現場的婦女會成員過來表示：「慈濟為了卓溪鄉的族人，這麼有心，長久以來就常常聽族人提起以茶代酒，而且每年都過來舉辦這有意義的活動，婦女會覺得應該要更大力協助慈濟一起推動以茶代酒與茶友會。」

二〇一六年八月五日卓溪鄉公所舉辦父親節聯歡活動，六個村約三百五十多位鄉親參與，這也是團隊首度進行全鄉規模的以茶代酒宣導。（照片／慈發處提供）

慈濟團隊表示：「一個幾十年來在原鄉根深柢固的喝酒習慣，如果慈濟只是來宣導一段時間就離開，大家好不容易建立的健康認知很快地又拋開，酒害還是沒有改善，那就前功盡棄，是很可惜的。所以多年來慈濟每三個月過來一趟，雖然路途遠，但能與這麼多的鄉親共同一起彼此提醒，彼此鼓勵，是很值得的，這樣原鄉以茶代酒健康促進的力量才會慢慢扎根，才可確保十年二十年後，我們原鄉的年輕一代一定不會再受到酒害。今天，慈濟在分享時提到在各部落成立茶友會，就是希望在地有一股扎根的力量，而不是每次都依賴遠從北花蓮來的慈濟，今天很高興能聽到黃理事長希望一起努力的話，這是我們長久以來一直期待的一股在地扎根的力量。」

黃理事長表示要找一個時間，我們能正式地將這股力量結合起來。經過鄉公所桂花主秘的介紹，慈濟團隊才知道黃愛玉理事長正是呂鄉長的夫人。

卓溪鄉茶友會遍地開花

從此，只要慈濟到部落以茶代酒宣導，慈濟團隊一與婦女會聯絡，許多前置工作與部落宣導，婦女會都會給予很大的協助。在卓溪鄉推動以茶代酒活動，不管是卓溪鄉布農族永續發展協會或婦女會，都是慈濟推動以茶代酒健康促進的好夥伴，兩個協會都非常用心地協助整個鄉民走出酒害的陰霾。

自從呂鄉長上任後，鄉公所因為有許多全鄉的大活動都會將以茶代酒列入重要的宣導，尤其呂鄉長與夫人黃理事長常常結伴參加以茶代酒的宣導，當然會得到鄉裡各部落的認同；而林牧師的協會常常介紹慈濟進入天主堂、教會推動以茶代酒，每一股力量都讓卓溪鄉逐漸地改變。

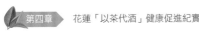

婦女會在二〇一七年更在各部落分配主責婦女會幹部，專人專責協助安排以茶代酒宣導的安排，並且從這一年下半年開始正式逐部落成立茶友會。慈濟團隊與鄉公所、婦女會推動成立的茶友會，只要每個部落有十人以上，就會形成一股推動的力量。

茶友會成立之後，茶友會的會員基本上就是各社區一股帶動良善的力量，他們帶動各村、各部落的鄉親志工宣導以茶代酒，把健康帶進每個社區；平時茶友會志工也會在各部落提報酗酒個案，並做家訪關懷與轉介戒斷等服務，更重要是將以茶代酒，健康的觀念扎根在原鄉，讓原鄉的年輕一代開始有健康生活的觀念，營造一個永續健康的族群。

八月一日，婦女會協助安排慈濟團隊到卓溪鄉卓溪部落，有二十五人加入茶友會，立山村的山里部落十五人加入。茶友會的成立與一般的以茶代酒不同的是除了理念的宣導，還有茶友會的公約說明，並做正式茶友會的成立宣導與揭牌。在這一天從早上到傍晚，慈濟團隊有婦女會黃理事長與鄉公所田秘書與社會課田課長的全程陪同，呂鄉長只要有時間也會過來一起宣導推動。

八月七日，古風村的古風部落有三十六人參加茶友會，卓清村的卓樂部落有十四人參加。八月十二日古風村的古風部落有三十六人參加，清村清水部落有十五位參加。這一天晚上到卓清村的南安部落，頭目賴金德與頭目夫人高春妹是南安有機田的大推手，為人親切盡責，小小一個村落，他們都事前做好聯繫，所以晚上在他們家門前空地擠入了三十多人，連派出所警官都來參加。八月十七日，崙山村崙山部落有六十多人參加。八月二十七日，太平村中興部落四十二人參加。二〇一七年，六個村密集在八月份共成立了九個茶友會，共計兩百六十七位鄉親參加。

二〇二〇年六月二十九日，古風村白端部落成立茶友會，卓溪村中正部落和太平村太平部落也在當年七月四日成立茶友會，十一月二十六日，立山村立山部落也成立茶友會。至此，卓溪鄉總計成立了十三個茶友會。從這一次成立茶友會之後，由於有盡責的婦女會各部落負責聯絡窗口，每三個月一次的與各部落分享交流與推動都能順利進行。這讓每個村落都定期與慈濟團隊有良好互動，也讓以茶代酒經由茶友會更加落實在全鄉各村推動。

在八月完成了卓溪鄉六個村九個部落的茶友會推動後，為了更加讓整個鄉更普遍推動以茶代酒，九月四日，呂鄉長與夫人黃理事長共同在鄉公所大會議室邀集婦女會的幹部與慈濟正式宣布合作。這是全花蓮第一個由鄉公所結合慈濟與婦女會共同一起推動的「茶友會」。

合作會議中，大家特別將卓溪鄉茶友會命名「養生茶友會」，原本單純的茶友會之所以加上「養生」，一方面希望強調「酒」與「茶」是有明顯的區別，一個是「傷身」，一個是「養生」，要讓鄉親常常從名稱上自我提醒。另一方面，是希望豪邁民族性的族人，今後不要再用酒會友，而是要「健康生活，遠離痛風，愛護族人，以茶會友」。期待在大家共同努力下，未來族人將永遠遠離酗酒四害，也就是失去健康、家庭經濟力薄弱、家庭暴力增加、酒駕意外。大家期待的目標是一致的，就是讓卓溪變成健康的鄉。

呂必賢鄉長表示：「慈濟在國際幫助很多國家，在國內只要有災難，都會看到慈濟。慈濟做善事都是雪中送炭，最需要的時候，他們就會出現。我自己看見許多年紀輕輕就去世的鄉親都是肝硬化，肝壞了，那都代表喝酒過量。現在慈濟要來幫助大家，婦聯會以身作則，姊妹不喝酒，回到家後，先生就不敢喝。很多人喝酒越喝越厲害，在不該喝的時間也喝，西方人應酬品酒是懂節制的，但我們布農族都是亂喝，一直乾杯。」

這一天的大會，還有阿布絲牧師，婦女會特別請她致詞，她說：「我常聽呂鄉長說，每一次鄉裡有大的活動，都會聽到慈濟很詳細很精闢地將以茶代酒這個新的文化價值觀跟原鄉族人來分享，這是一個很好的新生活。新的生活新的文化對一個部落來說是一個新的挑戰，也是一個很大的契機。挑戰是一定會有的，當以茶代酒帶到我們每一個部落，不一

慈濟基金會社區
康關懷

在慈濟與在地婦女會的努力下，卓溪鄉各部落順利成立茶友會，持續推動以茶代酒活動。（照片／慈發處提供）

定每個族人都會買單、都會接受，但是不要怕，我們在做的事，要像德瑞莎修女一樣，每一件事都是從最小的地方，一個人兩個人開始做起的。」阿布絲牧師這一段話道盡了慈濟推動以茶代酒過程的心思。

慈濟團隊秉持證嚴法師叮嚀：「如果要改善花東區偏鄉原鄉民眾的生活，要先改變他們酗酒的習慣。」慈濟推動團隊在秀林鄉成功做出一個原鄉

二〇一七年九月四日，卓溪呂鄉長與在地婦女會黃理事長宣布與慈濟正式合作，成立養生茶友會。（照片／慈發處提供）

以茶代酒健康促進的模式，因為這個議題緊扣原鄉族人對新生活運動的期待，推動到此時，已走遍花蓮五大原鄉絕大部分的部落。尤其，在酒害最嚴重地區之一的卓溪鄉，能得到鄉公所與婦女會的認同，共同一起做再一波更扎根的推動，這一切都與阿布絲牧師的分享有異曲同工之妙。

這一次大會中，慈濟團隊也把走過全花蓮五大原鄉，與

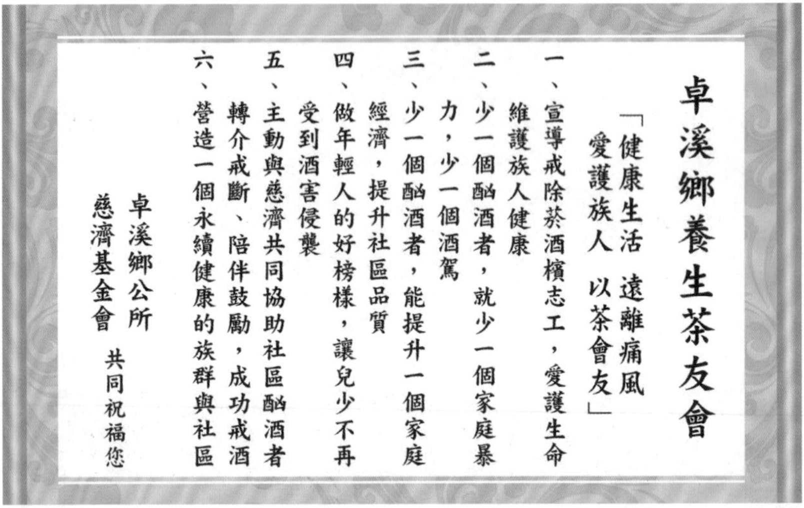
卓溪鄉養生茶友會

「健康生活　遠離痛風
愛護族人　以茶會友」

一、宣導戒除菸酒檳志工，愛護生命維護族人健康
二、少一個酗酒者，就少一個家庭暴力，少一個酒駕
三、少一個酗酒者，能提升一個家庭經濟，提升社區品質
四、做年輕人的好榜樣，讓兒少不再受到酒害侵襲
五、主動與慈濟共同協助社區酗酒者轉介戒斷、陪伴鼓勵，成功戒酒
六、營造一個永續健康的族群與社區

卓溪鄉公所
慈濟基金會　共同祝福您

卓溪鄉養生茶友會訂立的公約深獲婦女會幹部支持。（照片／慈發處提供）

原鄉鄉親共同集思廣益的茶友會公約內容，請與會的人提供意見，所有的人都覺得內容有啟發有帶動，也有轉介服務，考量都很周到。婦女會幹部也要求，每個茶友會都希望有公約的珍珠板可以貼掛。

舉辦感恩會，感恩善緣善力

慈濟十年來在花蓮原鄉推動以茶代酒，舉辦超過四百場以茶代酒健康促進宣導，在卓溪鄉，從早期經由在地的布農族永續發展協會協助，走入許多部落與教會宣導原鄉「以茶代酒」健康的觀念，到呂鄉長更落實結合婦女會在各部落成立茶友會，帶動更多鄉親投入持續扎根的力量。

看到了在地茶友會鄉親逐漸發展這股在地力量，為了感恩鄉親們熱心參與推動以茶代酒及茶友會，也期待能給予在地美善力量肯定與鼓勵，卓溪鄉公所決定與慈濟共同舉辦全鄉大型的「卓溪鄉『以茶代酒．健康促進』感恩會」，經由實質的感恩行動來帶動全鄉鄉民，進一步呼喚更多的鄉親加入以茶代酒健康促進的行動，來為下一代營造一個更健康的族群。

經過呂鄉長帶動鄉公所的相關主管與慈濟推動團隊幾次開會後，確定在二〇一九年十二月二十八日舉辦「卓溪鄉『以茶代酒．健康促進』感恩會」，最重要的是感謝鄉內六村九個部落多年來投入以茶代酒健康促進宣導的二百多位茶友會志工，慈濟與鄉公所規畫贈予茶友會志工環保毛毯或香積麵，感恩各村志工持續投入宣導行列，藉此聚集全鄉的活動來帶動鄉親，共同營造一個永續健康的族群與原鄉。

十二月二十八日這一天活動開始前，呂必賢鄉長致詞表示，感謝慈濟基金會在鄉內推動「以茶代酒」，長年卓溪鄉內酗酒的問題讓鄉內四十至五十歲的壯年人因肝硬化或腫瘤而離開人間，鄉公所這一次舉辦「以茶代酒．健康促進」感恩會，除了表揚成功戒酒者，也送環保毛毯及香積麵給茶友會志工，感謝他們願意站出來一起推動全鄉以茶代酒健康促進的活動，希望茶友會志工繼續鼓勵鄉親遠離酒害。

接著呂鄉長並邀請慈濟代表致詞。慈濟代表致詞表示：「慈濟基金會會長證嚴法師長久關心原住民的生活及健康，並提醒，要讓我們原民鄉親家庭幸福，首先要去除酒害的問題。許多人因為喝酒不慎成癮，失去了健康，失去了工作，或因喝酒酒駕意外，都是造成家庭悲劇，失去家庭幸福的原因。醫師專家告訴我們，現在原鄉痛風、肝硬化及慢性病人口增多，都是因為長期喝酒過量。所以邀請我們所有的鄉親大家響應我們鄉公所與慈濟的呼喚，一起加入茶友會，推動以茶代酒，讓卓溪鄉成為一個最健康的鄉。」

接著八個茶友會團隊各自呈現歌舞節目，將節酒議題與布農族傳統文化，融入歌詞中，演繹「以茶代酒」的好處，也用舞蹈呈現卓溪鄉社區鄉親的健康活力。古風部落茶友會鄉親以布農族語吟唱「健康歌」，呼籲族人珍惜上帝創造的身體。南安部落茶友會帶來布農族習俗中的「報戰功」，同樣以族語報告不要喝酒多喝茶，帶給族人永續健康的光榮戰績，其中並以國語說出對以茶代酒的話：「非常感謝，慈濟基金會宣導我們不要喝酒，多多喝茶身體健康，不會傷身，不會痛風，感恩慈濟

卓溪鄉公所與慈濟合辦「卓溪鄉『以茶代酒・健康促進』感恩會」，感謝各部落多年來投入戒酒宣導的茶友會志工。（照片／慈發處提供）

將以茶代酒健康觀念帶給族人。」

崙山部落茶友會志工則穿上肚皮舞裙，在胸前貼上禁酒的標語，以健康熱舞宣導以茶代酒的好處。戒酒者田先生當天跟大家分享，年輕時因工作關係，曾在國外工作近二十多年，由於原住民出身又比較耐酒精，經常被邀約應酬喝酒，剛開始因為工作常常飲酒，後來似乎

南安部落茶友會以布農族「報戰功」習俗，勉勵鄉親以茶代酒累積永續健康的戰績，並感謝慈濟不遺餘力的推動。（照片／慈發處提供）

有了酒癮，一個星期可以喝八攤，甚至即使沒有應酬也會約朋友喝酒。

「喝酒喝多了，發現身體開始不對勁，不但身體健康檢查亮紅燈，三高也默默找上門。」田先生說。後因為左手麻痺就醫，得知恐有心肌梗塞的風險。有一天，田先生收到茶友會志工送來的綠茶包，志工並把綠茶的好處告訴他，只要不喝酒，天天喝綠茶，才不會痛風，身體也會慢慢健康起來。田先生慢慢地改掉喝酒習慣，也受邀加入茶友會，用自身的經歷推廣以茶代酒，邀約親朋好友多喝綠茶。他期盼未來要讓更多人加入宣導行列，不要再讓人把原住民跟酒聯想在一起了。田先生笑說：「戒酒後，麻痺、心臟疼痛的症狀不再發生，我還可以去山上工作，身體健康的感覺真好。」

當時，聖誕節的慶祝活動活動仍然持續在卓溪鄉進行，這一天晚上，為了帶動全鄉對以茶代酒健康促進的重要，呂必賢鄉長邀請慈濟團隊一起為全鄉二十七對結婚五十年以上的夫妻頒獎祝福，在這寒冬，慈濟提供環保毛毯，鄉公所則提供祝福金。

一直掛心要去除酒害的呂鄉長在致詞時說：「今天我們利用慶祝聖誕節這日子，為我們在臺上二十七對結婚超過五十年的長輩祝福。一對夫妻要結婚超過五十年，不容易，夫妻都要很健康，都沒有酗酒。慈濟在以茶代酒跟我們常提到，馬偕博士在一百年前到過許多原鄉，都說原住民都很健康，沒有痛風，沒有肝硬化。沒有錯，今天在臺上的長輩們他們就是見證，你們說是不是！」臺下坐著滿滿的鄉親，大家異口同聲，以宏亮的聲音回答：「是！」。

呂鄉長又說：「但是，現在我們年輕人，喝酒喝到痛風、肝硬化，年紀輕輕的就因為失去健康走掉了，有的甚至因為酒駕意外造成嚴重傷害。我們要向臺上二十七對長輩學習，不要喝酒，以茶代酒，才會讓我們族群更健康。大家說好不好！」臺下鄉民又是宏亮的聲音：「好！」大家隨著鄉長的致詞，一片響亮的互動。

從下午的以茶代酒志工感恩活動到晚上金婚長者的祝福活動，鄉公所都不忘提醒部落鄉親不要喝酒，以茶代酒。鄉民長久以來，在以茶代酒專案推動下，一傳十，十傳百，長輩告訴兒女，兒女告訴孫兒，整個

呂鄉長與慈濟團隊在晚會上為全鄉二十七對結婚五十年以上的夫妻頒獎祝福，呂鄉長也再次強調不喝酒、顧健康。（照片／慈發處提供）

鄉一提到以茶代酒，人人都知道，喝酒有害身心，以茶代酒就會得到健康。這一天，慈濟專案推動團隊看到卓溪鄉所有鄉親健康生活觀念上的正向的改變。

關懷長者，暖心更暖身

二〇二〇年十二月十一日，卓溪鄉公所舉辦全鄉十三個文化健康關懷站、日托站與巷弄站成果發表，雖然這些關懷站大多是以長者關懷為主，但每個站幾乎都有在地社區關懷據點照服人員與在地社區志工十多人，再加上活動多元，全鄉參與這活動的人數可見，所以這也是全鄉年度的大活動之一。鄉公所特別邀請慈濟專案推動團隊參與，一方面可以再利用這大活動加強以茶代酒健康促進活動的推動，另一方面也共同一起來關懷卓溪鄉的長者。

二〇二〇年的十二月早晚氣溫特別低，大多在十五度以下，甚至更低。慈濟團隊這幾年數度走遍卓溪鄉十五個部落，也感受到卓溪鄉家庭清寒為多，長者平日都會到文化健康關懷站，或在自己家的庭院曬太陽，團隊想到慈濟在二〇一一年日本三一一大地震災區，為了身處寒冷天氣中的長者，捐贈了出外最方便、最保暖的寬版披肩。在臺灣一般居民睡覺保暖的被褥不缺，但如果平日出外，寬版的披肩，會更加保暖與輕便，也更顯溫馨。於是經過團隊與在基金會研究之後，決定利用這個機

為感謝部落長者以身作則，勸導族人以茶代酒，慈濟與鄉公所贈與長輩慈濟寬版披肩，以表祝福與感恩。（照片／慈發處提供）

會贈送卓溪鄉關懷站長者寬版披肩。現場許多長者紛紛歡喜表示：「這披肩又保暖，又方便，非常實用，謝謝慈濟！」

有願就有力，鄉親熱情相挺

二〇二一年四月十四日是卓溪鄉每年全鄉最盛大的射耳祭，而且今年是「布農族抗日大分事件一百週年」，整個活動擴大在鄉公所鄰近的卓溪鄉聚會所舉辦，即便這幾年以茶代酒在全鄉已經多次以大型活動喚起所有鄉民的重視與注意，但鄉公所從鄉長到課長都表示：「幾十年來族人喝酒過量已成根深柢固問題，現在好不容易，族人已經普遍有了健康生活的觀念，不能就這樣半途而廢，我們還是要利用各種機會，各種重要場合，持續不斷地跟大家宣導。」所以鄉公所表示要在現場最顯眼、最接近來賓席的地方設置茶友會的攤位。

四月十四日當天，一早卓溪鄉聚會所就聚滿了鄉親。鄉聚會所與鄉公所中間隔著卓溪國民小學，許多鄉裡的大型活動，都會在這個聚會所舉辦。這次射耳祭因為擴大舉辦，借用了國小的司令臺，許多比賽項目包括摔角，各項競賽都利用國小的運動場。鄉公所聚會所也是一個雙籃球場，有堅固屋頂的開放場地，一旁有上百人的觀眾席。各村鄉親在大聚會所內依六個村分區集中入座。

二〇二一年卓溪鄉射耳祭會場，茶友會設置攤位歡迎更多鄉親入會。（照片／慈發處提供）

這一天，縣長，縣府長官，原民會長官、各級民意代表都出席參與這場年度盛會。鄉長在來賓介紹時，也特別將慈濟在卓溪推動以茶代酒健康促進，帶給村民良好生活觀念的成果與大家分享。茶友會的攤位就在司令臺與比賽場地一旁，最接近觀眾席處，以方便慈濟推動團隊前往聚會所逐村做以茶代酒的關懷與互動。

在大會儀式完成後，臺上

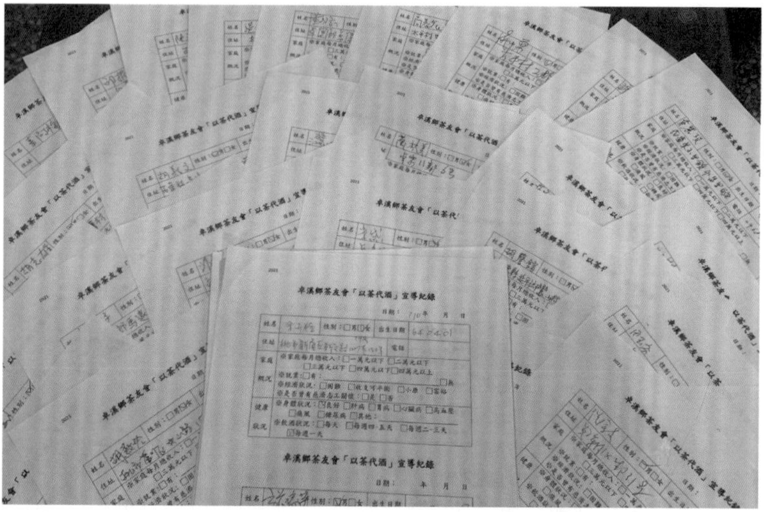

射耳祭當天據統計約有一千多人參加，其中有五分之一、也就是一百九十二人加入茶友會，顯見茶友會獲得村民的認同與肯定。（照片／慈發處提供）

的貴賓都走到聚會所與鄉民關心互動。途中經過茶友會的攤位，縣長與多位中央長官也特別問到茶友會，接待的公所田祕書就跟長官們介紹，多年來慈濟為了卓溪鄉村民的健康，遠離酒害，鄉公所從鄉長到同仁，每三個月會陪同慈濟逐部落茶友會一起宣導，現在整個鄉民眾對喝酒傷身，以茶代酒已經有很請清楚的了解，成效非常好。

當各級長官到觀眾席來關懷時，也看到慈濟團隊正拿著手提式麥克風在做宣導。也許，原民會的長官有一天會跟其他原鄉民眾分享慈濟如何在卓溪鄉的以茶代酒健康促進，慈濟將會非常樂意將這經驗過去分享，並做協助。

射耳祭是整天的活動，慈濟團隊利用這機會，可以更落實地到各村來賓席的區塊去做宣導與互動。但這一天最可貴的是慈濟「茶友會」的攤位發揮最大的功能，從早上到下午，茶友會攤位雖不是大排長龍，但著族服前來填寫茶友會報名表的族人是絡繹不絕，他們踏踏實實地留下姓名、聯絡電話與地址，填寫報名的鄉親早上有六十人，下午有一百三十二人，在這一天總共有一百九十二人加入茶友會。資料，這代表的是村民的認同與肯定。想一想，如果每一位鄉親都能將健康的觀念傳遞不斷傳遞給其他的族人，卓溪鄉民眾的健康是一定會大大地改善的。

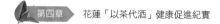

第五章

以茶代酒

推動理念與衍生工作

一　以「清淨在源頭」思維對治酒害

以茶代酒推動之初，許多人都迫不及待地在問，有多少人改變？部落還有人酗酒嗎？是的，幾乎每一場分享，我們都有鄉親站出來分享，雖然推動團隊也將特殊酗酒追蹤的個案，做了十大冊的酗酒者陪伴的資料，但這些陪伴、關懷、造冊、追蹤，原本就是慈濟人對需要關懷的對象，都會長期持續地陪伴關懷，一直到他們人生翻轉。

但「以茶代酒，健康促進」最重要的工作與意義是「清淨在源頭」，推廣健康的生活與飲食觀念，喝健康的茶，不要喝傷身的酒，讓所有原鄉的鄉親都能清楚了解喝酒有四害，失去經濟能力、失去健康、酒駕意外與家暴增多。所以，推動團隊最重要的工作，是要讓原鄉民眾將這健康新生活的觀念，在原鄉一傳十，十傳百。只要原鄉部落每位長者都會告訴兒女，每個兒女都會告訴孫兒，每一個小孩從小就有一個正向健康的生活社區環境，所看到、所接觸到的就是一個正向良好健康的認知，這健康新生活的觀念，就會深植人心。

如果能夠這樣清淨在源頭，我們就能夠確保十年、二十年後，原鄉將不再是圍堵不住的酗酒者，不再是那麼多的痛風人口，不再是那麼多的肝硬化人口，不再是那麼多因酒害而造成的悲劇。以茶代酒健康促進推動十年多的此刻，在一些原鄉已經看到這樣的一個效應，清淨在源頭成為原鄉遠離酒害達到防微杜漸的一個應做的工作。

所謂「清淨在源頭」是證嚴法師給慈濟人的一個做人處事的良方。三十多年前，證嚴法師鼓勵大家用鼓掌的雙手做環保，帶動了近十萬位環保志工投入環境保護，為了讓回收的寶特瓶、紙張、塑膠袋等物資能真正達到延續物命再利用，讓地球永續，提出了「清淨在源頭」這個重要的觀念，也就是為了務實地達到物資回收再運用，延續物命，就要從源頭的「人心」就能夠在生活上保持惜福愛物、珍惜資源、延續物命，進而資源回收再利用，就能達到垃圾減量，甚至回收的物資也要保持它的清潔，才能落實物資的回收再利用。如此，地球才有可能修復所受到的傷害。

也就是說，地球資源不斷消耗，髒亂垃圾充斥所有海岸與社區，這些地球的浩劫，都是在一個源頭，那就是「人心」。今天慈濟推動環保，惜福愛物，延續物命，保護地球的永續發展，就要從人心的清淨開始，這就是「清淨在源頭」。更進一步說，「人心的清淨」就是讓每個人從生活上落實惜福愛物，珍惜資源，延續物命，資源回收再利用；比如「一筷省水」，洗東西時水流量像一根筷子；「蔬食三好」，環境好、健康好、尊重生命好，以降低為滿足人的口慾而大量飼養牲畜所帶來超量的二氧化碳、甲烷造成地球加速暖化；「隨身五寶」杯、碗、筷、手帕、環保袋；每一個人都有這樣「為一個乾淨永續發展的地球」的心，並將這樣的生活理念落實在自己的生活中，地球的資源與環境的浩劫就可以減緩與得到復甦與控制。

「以茶代酒，健康促進」也是這樣一個「清淨在源頭」的思維，如果我們只做末端的酗酒者的關懷與治療，沒有到遭受「酒害侵蝕」的地區，去讓民眾了解與看清楚多年來因喝酒而不知不覺讓族人陷入酒癮難以自拔的「根源」是甚麼，那麼十年、二十年後，酒害還是會依然存在，高比率的痛風與肝硬化的人口會依然沒有改善。因為整個族群的健康觀念沒有改變，末端在忙著治療，酗酒個案仍層出不窮。所以「以茶代酒，健康促進」的宣導與成立「茶友會」就是一個「清淨在源頭」的理念，建立族群整體居民對健康生活的認知，並提醒原鄉族人要效法祖先生活嚴謹的規範，只要人人能了解，並將這健康的認知落實在自己日常生活中，就可以達到「清境在源頭」防微杜漸的效果。

二 成立「茶友會」發揮在地力量，重塑原鄉形象

慈濟專案團隊以茶代酒的推動，走遍秀林、萬榮、光復、豐濱、卓溪五大原鄉；此外，吉安、壽豐、鳳林、玉里、富里也都有許多原民鄉親的部落，慈濟團隊也都受邀前往分享。由於以茶代酒的宣導與健康促進的推動，不是一次的宣導，就能讓村民一直保持著以茶代酒、遠離酒害、健康促進的認知；因此從推動之初就抱著以「扎實推動，持續互動」，務必要帶給原鄉鄉親一個健康生活的觀念。

所以每三個月會再回到每個舉辦過的村落，再舉辦一次，並做鄉親的見證分享。如此，舉辦近三百場，超過萬人參加。團隊也隨時檢視已走過的原鄉村落，鄉親是否觀念已有提升，有沒有將以茶代酒融入生活

中。慈濟團隊也不斷地訪談村落裡的村鄰長、協會理事長等探討了解。

在這推動過程，由於花蓮縣是全國面積最大的縣市，邀約的鄉鎮村落又越來越多，推動團隊雖然盡可能三個月回訪推動，但畢竟有些部落還是會間隔比較久。如果時間隔較久的，村民那一股當時堅定要改變喝酒過量習慣的動力會弱了下來。這個時候，團隊就想到，如果要把這一股動力往下扎根，就必須要有一股在地持續扎根的力量。所以在二〇一四三月年開始在各村鼓勵成立茶友會。這是一個由部落熱心的居民組成的部落自主推動酒害覺醒運動的團體。

推動團隊想到是世界衛生組織（WHO）對病人培力的最高層次，也就是特殊相同疾病的病人如果成立病友會，病人之間有許多好的經驗彼此分享，彼此鼓勵與支持，而醫師甚至還常在病友會的團體裡得到更新更好的治療經驗。團隊以這醫療培力的例子做思考，如果一個社區或一個部落有著相同的健康問題，而這些健康問題都是在同一個根源上，那部落成立「茶友會」，就是這個部落族人彼此分享成功走向健康經驗的帶動，以及彼此鼓勵支持的平臺。

這個「茶友會」的平臺會因應不同的部落文化，不同的在地資源，不同的人力組織與凝聚力，而會有不同的發展型態與模式。所以慈濟團隊是要將「茶友會」成立的理念、對部落社區長遠的影響，以及重要性融入以茶代酒，並將村民彼此的經驗分享列為重要不可少的單元。在專案宣導中，「茶友會」這個在地力量以不同型態在不同的原鄉展現出不同的在地力量。

部落成立茶友會後，部落茶友會的核心成員不斷熱心地規畫定期茶敘，或將以茶代酒融入在部落聚會的生活中，也對部落族群有一個責任與使命，就是讓自己族人都能避免因酗酒而造成生命與健康上的悲劇。

二〇一四年三月九日，茶友會在原鄉從秀林鄉的佳民村陸續成立，佳民村馬上在六月二十九日以村落自己的經費舉辦了一場餐敘，一千多人口的村來了四百多人，全部的居民用餐都只喝茶，全部自帶環保餐具，並且在這一天，響應地球暖化愛地球運動，全部蔬食。這在原鄉以前是不可能的，也是部落在許多健康思維上的轉變，茶友會逐漸發生效應。

景美村將茶友會發展成部落定期「淨菸蒂、淨酒瓶、淨檳榔」及「以茶代酒運動茶友會公約簽名誓約活動」，宣讀生活公約，做好部落安全、健康、環保教育宣導。

光復鄉太巴塱正式成立茶友會，部落自費設計了印有「以茶代酒健康久久」的圓領衫，由於是母系社會，選擇在重要的日子，由部落年長婦女站在臺上正式宣示茶友會成立。

豐濱鄉豐富部落因為在推動以茶代酒之後，村民對酒有了更健康的

鄉公所為豐富部落製作「我家不喝酒，以茶代酒」貼章，表揚落實節酒戒酒的家戶。（照片／慈發處提供）

觀念，許多人都已不喝酒，或節制飲酒，因為成效良好，衛生所就特別為他們設計了「我家不喝酒，以茶代酒」的貼章，給以茶代酒注入一份助力，這一股已覺醒的力量，部落協會理事長也跟慈濟分享說，更希望很快地，整個部落不必這貼章，整個部落都是以茶代酒。

卓溪鄉從二〇一二年花蓮縣衛生局推薦下，在布農族社會永續發展協會開始逐村推動以茶代酒，並走入教會宣導。到了二〇一六年呂鄉長的大力推動下，公所所有同仁帶動全鄉節制飲酒，做全鄉的表率，上班不可有酒氣，到部落關懷時，不管是用餐或家戶關懷時，不但不可與鄉親喝酒，而且引導鄉親養成健康的生活習慣。這種積極的態度，也影響了鄉代會，鄉代會主席也表示現在代表會開會，大家不是喝酒而是喝茶。二〇一六年底，呂鄉長更邀請卓溪鄉婦女會與慈濟在卓溪鄉各村推動茶友會，六個村成立了十三個茶友會，每一場茶友會成立大會，呂鄉長與理事長都會蒞臨，並鼓勵族人，所以鄉親都非常踴躍參與，有了非常好的效果。各地婦女會並於平時結合各地教會共同一起推動。

十年來推動最大的特色就是，因為普遍茶友會的成立，加上鄉公所大力支持，在二〇一九年十二月二十八日的全鄉以茶代酒志工感恩會，第一次上千人的大活動，隔年又在全鄉文化健康關懷站的全鄉宣導，在二〇二一年四月十四日全鄉射耳祭的茶友會攤位，再度大力的推動，除了原有參加茶友會的鄉親，當天又有一百九十二位耐心地留下姓名、電話、地址，這就是卓溪鄉推動茶友會的特色與成果。

而卓溪鄉呂鄉長在參與時也分享：「慈濟推動以茶代酒，他們不分平日或假日，白天或晚上，從老遠的北花蓮都到我們卓溪鄉，他們為的只有我們的健康，那我們自己族人要不要關心自己的健康，身體是自己的，要不要照顧好自己的健康。所以大家要參加茶友會，讓身體更健康！」以此來鼓勵鄉民。

確實，就向慈濟團隊常回覆部落族人的一句話：「我們所有族人能以茶代酒，未來身體更健康，就是我們唯一，也是最大回饋與期待。」

三 「四層次陪伴計畫」對治酗酒者

原鄉居民對酒的依賴，就慈濟團隊的觀察，大致可分為幾類，一種是有「穩定工作」的族人聚在一起聊天，有不少人是不喝酒的，但也有習慣性在族人之間藉著酒來聊天，這種飲酒大部分是能節制，至少在上班工作時，或工作的前天不會喝太多酒，穩定的工作是維繫他們有健康生活規範的力量。

第二種是「零工性質」，因為這類居民大多為板模或臨時工，工作不穩定，有時有工作，有時沒工作，有了微薄的收入，可能一下子就用掉了，少積蓄，賒帳多，因此內心多焦慮。沒工作時，就會找幾個朋友喝酒，常因無所事事，藉酒消愁，所以較容易造成喝酒過度，因為喝酒常是無意間陷入無法自拔的酒癮中。零工性質的工作也有短期穩定性的，比如工地，或政府機構短期固定的園藝、割草工班，有些由於以前的酗酒習慣，平時由於工作，隱忍克制，但是一到假日的前一天就開始喝得比較多，難以控制，所以有的稱之為「假日心臟症候群」，這種常造成心室性心律不整，有時造成猝死意外，家庭的不幸。

第三類是因長期飲酒，已造成酒的嚴重依賴，並且已無法正常工作，標準的酗酒個案。大部分有到醫院戒斷期治療的需要，並需要有家人或部落熱心義工的陪伴，這種個案如果沒有親人或熱心義工的陪伴，就會不斷在醫院來來去去。

因為第二類型與第三類型是痛風、肝硬化、腎臟病的高危險群，又常淪落沒有穩定工作或失去工作的情況，尤其，他們也是喝酒無法節制的一群，所以慈濟專案團隊就規畫了四個層次的陪伴系統。

第一個層次是慈濟以茶代酒的專案團隊，慈濟的專案團隊有分北花蓮秀林鄉一帶，中花蓮萬榮鄉與光復鄉一帶，及南花蓮玉里瑞穗卓溪鄉與東海岸豐濱一帶，每個團隊約有兩個人。

第二個層次是衛生局在各鄉鎮的健康中心專管人員，這些人員每次舉辦以茶代酒，他們都會到活動現場配合，平常他們也會就近在各鄉家訪這些酗酒個案。

第三個層次是慈濟的社區志工，他們平日定期會去部落家訪，順便就會對酗酒個案給予鼓勵。

第四層次是酗酒個案的家人、茶友會志工或其它部落熱心的在地志工，這個層次的陪伴是最重要的，因為他們是住在部落最貼近個案的陪伴者。

鳳林鎮鳳信部落陳先生是家人都已經放棄的酗酒者，有一天，以茶代酒在鳳信教會舉辦，陳先生在他姊姊黃女士，也是鳳信基督教長老教會教會的長老的帶領下來參加以茶代酒，回去後他就開始喝茶，酒伴來邀他一起喝酒時，他就開始跟酒伴說我們來喝茶好嗎？後來姊姊知道了好高興，就不斷過去陪伴鼓勵他，他也非常有恆心地把酗酒的習慣改變了。

以茶代酒活動依慣例，三個月又再回到鳳信基督教長老教會，黃長老就主動走到臺前跟大家分享，她說：「我今天一定要跟大家見證，我弟弟在上次以茶代酒宣導回去後，只要有朋友來找他喝酒，他就會跟酒伴說我們來喝茶，以茶代酒。」黃長老很高興地跟大家分享她撿回來一個弟弟。團隊為了確定這個酗酒個案現在的狀況，主動表示能不能去拜訪她的弟弟，黃長老欣然答應。

黃長老與團隊無預警到了陳先生家，陳先生真的桌上只有茶。隨後，

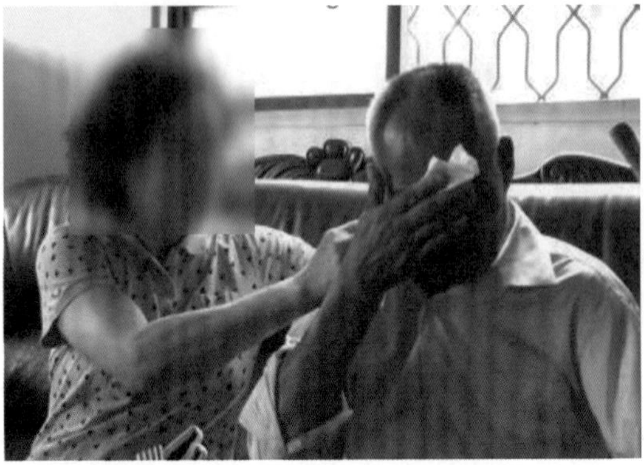

透過四層次酗酒者陪伴計畫而成功戒酒的陳先生，不只找回健康，也重拾親情。（照片／慈發處提供）

黃長老敘述以前陳先生的酗酒狀況，那時候家人幾乎都放棄他了，陳先生在一旁就掩面痛哭，並表示請大家放心，他這次真的已經完全改變了。

三個禮拜後，團隊又要到光復鄉，因為會路過陳先生的家，團隊討論是否去拜訪陳先生，隨車的衛生所健康中心專案人員表示：「我們去了，如果看到他還在喝酒會不會很失望？」但最後大家還是鼓起勇氣去拜訪陳先生，陳先生不但仍然滴酒不沾，也在家後院種菜。現在陳先生已經能固定參加水泥工的工班，閒暇就在自家後院種菜。這是四個層次陪伴的努力成果。

四層次酗酒個案陪伴計畫在二〇一四年實施後，一年多北花蓮秀林鄉陪伴個案有二十五人左右，中花蓮萬榮鄉有二十人左右，卓溪鄉有十人左右，大部分都有痛風，平均年齡四十一歲。

光復鄉沒有陪伴個案，卓溪鄉人數少，因距離遠是一個原因，較困難就近陪伴，在地協助的地方衛生所專管人員默契在培養中，協助的部落在地協會因為人力有限，專管人員常更新，以致未能關懷較多的酗酒個案。不過卓溪鄉經過呂鄉長大力地在鄉內推動茶友會，鄉內大型活動都與慈濟大力宣導，又有婦女會的積極參與，成效非常顯著。

四 以回收工作，催生戒酒者身心靈環保

在以茶代酒酗酒個案的陪伴過程，四個層次陪伴團隊開會後，認為酗酒者在團隊陪伴下，有了戒酒的動力，但漫長的日子，如果沒有讓戒酒者可以專注投入的事情或工作，空虛的生活會讓酗酒者又去碰酒，然後一發不可收拾。但酗酒者又不容易找到工作，所以慈濟團隊就想到讓酗酒個案投入愛護大地的環保資源回收的工作。

慈濟團隊會讓酗酒者了解這個環保資源回收再利用的工作，對這個世界、對我們的環境有非常重要的價值與意義。讓他們知道所回收的寶特瓶做成環保毛毯，每年送出去了十多萬條幫助全球受災的災民，所有物資的回收再利用，延續物命都在保護我們生活的環境。讓酗酒者感覺

到投入環保再利用等於也是在幫助國內外救災的工作，也是共同在保護我們人類居住的環境，讓酗酒者投入環保資源回收的工作過程，也感覺原來這樣做就等於做好事，幫助許多冰天雪地受災的災民。

這種環保回收再利用的工作即便酗酒者已有能力工作謀生，也可以當成生活的一部分，一樣可以持續做有意義的事，所以所有戒酒的個案，慈濟志工與團隊都會讓他們投入環保回收的工作，作為初階的一個簡單的工作，慈濟並會給他們營養補助金作為初步的回饋。而戒酒者慢慢地也會去找到收入更好的工作。

參與「環保志工感恩茶會」、響應慈濟推動環保的部落居民並非都是酗酒者，大部分是有愛心響應慈濟「環境保護，地球永續」的理念。推動團隊與慈濟社區志工共同討論，有些部落居民響應慈濟清淨在源頭的環保資源回收工作，慈濟與部落鄉親相約，每週固定的時間慈濟的環保車回到部落來，只要居民響應慈濟的環保推動，將回收的物資清潔好，整理好，並且協助邀約座鄰右舍一起來做環保，就是慈濟的環保志工。

在花蓮地區狹長的地形，許多原鄉部落都是常常一條主街，所以很容易帶動。由於平常部落推動環保是個別說明，介紹與內容可能是片段的，所以在部落舉辦「環保志工感恩茶會」有兩個意義：

一、利用部落環保志工感恩茶會能較完整地跟部落鄉親介紹慈濟的環保工作的意義，並感恩部落響應環保的鄉親志工。

二、讓散布在各部落投入環保工作的酗酒個案，了解在部落有這麼多的人在做這有意義的環保工作，並藉此讓酗酒者在投入環保工作，生命能獲得肯定，讓他們逐漸從付出中感受到生命的價值。

酗酒者通常工作不容易取得，更多的酗酒者家人都離他們而去了，經濟上通常都有很大的問題。在酗酒個案逐漸走出酒精依賴的過程，生命逐漸獲得自信，生命有了目標，生活也有了成長改變。

慈濟的工作團隊會將個案交給慈濟社區志工評估，為酗酒者做過渡時期的經濟補助，並定期地追蹤。而「環保志工感恩茶會」主要是邀請整個部落響應環保工作的鄉親，所有參與環保工作者都是值得尊敬與被感謝的對象，但也成為投入環保的酗酒的個案自我肯定的場域。

五 凝聚部落的愛，營造美善社區

在推動以茶代酒專案的過程，有一股力量是最重要的，而且如果這股力量成功地激發起來，會是每個部落社區最珍貴的一股「善的力量」。慈濟在許多慈善的關懷，有一種特殊的人文，那就是「教富濟貧」與「濟貧教富」，前者是啟發富有的人來幫助貧困的人，後者是協助貧困的人在經濟上能慢慢站起來，也在心靈上能得到富足，並從而成為一個手心向下助人的人。不管是前者或後者，都是一種「培力」愛與善的力量。

在「以茶代酒健康促進運動」的實踐中，我們能夠看到，慈濟推動團隊走到每一個村落，都會拜訪在地的村長、鄰長、協會理事長，甚至於許多的鄉鎮，慈濟團隊更走入教堂、教會與天主教、基督教神父、修女、牧師、長老攜手，共同關心與推動。慈濟在海內外災害救助都是不分宗教，不分種族，大家攜手救助災民。

尤其，以茶代酒專案的推動，非常需要在地社區扎根的力量，因為專案團隊在北花蓮，人力也有限，即便慈濟在花蓮各鄉鎮的志工也都非常有限，更不要講在原鄉部落。所以在地力量的結合是非常重要的，不管是在推動之初，邀請居民來聽分享，或是在宣導之後，部落裡面持續推動與關懷，只有與在地的熱心鄉親結合，專案的推動才可能更成功。

所以，以茶代酒在各部落的村鄰長與協會理事長的協助下，平時定期與專案團隊不斷持續地協助安排宣導的工作與個案關懷。尤其在卓溪鄉，除了協會、牧師、村長，更可貴的是鄉長主動大力的協助，又引進了婦女會志工的力量。他們長期與團隊共同在各部落關懷鄉民村民的健康，並做個案關懷。後來慈濟有許多高齡化社會的特殊方案，也都與這股善的力量做了非常密切的結合，像為了高齡社會長者的居家安全而規畫的「長者居家安全改善」，整村地去為弱勢長者改善居家安全；以及在偏鄉原鄉有許多弱勢的長者無法自行煮食，或因為失智而造成煮食的安全考慮，慈濟規畫了部落親幫親鄰幫鄰「愛心送餐」。整個社區的發展，經由以茶代酒在部落培力了許多在地愛與善的力量，共同營造互助互愛美善的社區。

——愛的腳步不能停歇　直到原鄉遠離酒害

參考書目

尤巴斯・瓦旦，2005，〈泰雅族的祖靈祭及其變遷〉，國立東華大學民族發展研究所碩士論文

新竹縣尖石鄉〈再現 Tayal 部落健康－節制飲酒計畫〉，2007

丘其謙，1968，〈布農族郡社群的巫術〉，《中央研究院民族學研究所集刊第二十六期》，臺北：中央研究院

伍帕斯，2001，〈原住民飲酒文化之淪亡〉，原住民月刊 16 期

李亦園，1962，〈祖靈的庇蔭—南澳泰雅人超自然信仰研究〉，《中央研究院民族研究所集刊第十四期》，1:46，2000b（關於巫術篇）。臺北：中央研究院

徐人仁、宋龍生、吳燕和，1963，〈南澳的泰雅人〉中央研究院民族研究所專刊甲種第五號 臺北，中央研究院民族研究所

法蘭克・默瑞，2002，〈100 種健康營養素完全指南〉，劉逸軒譯，臺北：麥格羅希爾

胡海國，2001，〈原住民生活壓力、焦慮、憂鬱與飲酒問題相關研究〉，國立臺 灣大學理學院心理學系，行政院衛生署九十年度委託研究計畫

郭憲文，2006，〈找回自我，促進健康－節制飲酒計畫期末成果報告書〉，行政院原住民委員會九十五年度推行原住民衛生保健工作，p15-16
http://www2.cmu.edu.tw/~ph/download/report/95-2.pdf

夏曉鵑，2002，〈失神的酒—初探九予原住民社會的資本主義化過程〉發表於「傳播與社群發展」學術研討會

臺東縣金峰鄉〈九十六年找回自己促進健康節制飲酒計畫〉，2007
http://www2.cmu.edu.tw/~ph/download/book/e-4.pdf

臺中縣和平鄉原住民社區辦理 96 年度「找回自我、促進健康 - 節制飲酒計畫」，2007
http://www2.cmu.edu.tw/~ph/download/book/c-1.doc

馬淵東一，1986，〈臺灣中部土著族的社會組織〉《臺灣土著社會文化研究論文集》，黃應貴主編，臺北：聯經

馬賴古麥，2001，〈痛風 重視原住民健康的殺手〉《國政評論》，中華民國九十年六月一日，財團法人國家政策研究基金會

高雄縣三民鄉〈96 年「找回自我、促進健康 - 節制飲酒計劃」之部落活力再現 - 瑪雅的愛第三期修正計畫〉，2007
http://www2.cmu.edu.tw/~ph/download/book/s-1.pdf

范燕秋，1996，〈醫學與殖民擴張—以日治時期臺灣瘧疾研究為例〉，臺北，新史學七卷三期

陳清朗，1991，〈痛風與高尿酸血症〉，臺北：臺灣新生報出版

嘉義縣阿里山鄉〈九十六年度阿里山鄉「促進健康 - 節制飲酒」實施計畫〉，2007
http://www2.cmu.edu.tw/~ph/download/book/c-2.pdf

黃國超，2001，〈神聖的瓦解與重建：鎮西堡泰雅人的宗教變遷〉。國立清華大學人類研究所碩士論文

葛應欽，1999，〈原住民健康研究—重要疾病遺傳/分子流行病學〉，行政院衛生署八十八年度整合性醫藥衛生科技研究計畫

葛應欽，2001，〈原住民健康研究—重要疾病遺傳/分子流行病學〉，行政院衛生署九十年度整合性醫藥衛生科技研究計畫

葛應欽，2002，〈原住民健康研究—重要疾病遺傳/分子流行病學〉，行政院衛生署九十一年度整合性醫藥衛生科技研究計畫

劉士永，1997，〈一九三〇年代以前日治時期臺灣醫學的特質〉，《中央研究院臺灣史研究第四卷

第一期》，頁97-148，中央研究院臺灣史研究所籌備處。

藍忠孚／許木柱／鄭惠珠／劉竹華／孔吉文，許木柱，1992，〈現代醫療體系對社會規範的衝擊—臺灣原住民社會的實證研究報告〉，行政院衛生署八十一年度委託研究計畫。

Arai, S.M.（1997）. Empowerment: From the Theoretical to the Personal. Journal of Leisurability, 24（1）.

Arai, S.M. & Pedlar A. M.（1997）.Building Communities Through Leisure:Citizen Participation in Healthy Communities Initiative. Journal of Leisure Research, 29（2）:167-182.

Broucke, S,（2005）.Community Empowerment for Health Promotion in Socio-Economically Disadvantages Groups. Archives of Public Health,（63-1）48.

Broucke. S & Hennion W & Vernaillen N.（2006）. Planning for empowerment in health promotion with socio-economically disadvantaged communities: Experiences with a small group approach, Arch Public Health,（64）:143-158.

Elliott, J.（1991）Action Research for Educaational Change. P69, Milton Keynes:Open University Press.

Herrick, J.（1995）. Empowerment Practice and Social Change ‥ The Place for New Social Movement Theory, The New Social Movement and Community Organizing Conference, University of Washington, Seattle, WA.

Freshwater, D.（2005）. Action research for changing and improving practic, In Holloway I（ed.）, Qualitative Research in Health Care, p211-228, Open University Press.

Lewin, K.（1946）Action research and minority problems, Journal of Social Issues, 2（4）:34-46.

World Health Organization,1998, Health Promotion Glossary, Switzerland, Distr.: Limited（Health Promotion Glossary, WHO 1998）.

國家圖書館出版品預行編目資料

以茶代酒：愛在原鄉 健康促進/呂芳川作. -- 初版. -- 臺北市：布克文化出版事業部出版：英屬蓋曼群島商家庭傳媒股份有限公司城邦分公司發行,
民 110.10，308 面；x 14.8x21 公分

ISBN 978-986-0796-55-1（平裝）

1. 戒酒 2. 部落 3. 公共宣導
548.83 110015936

慈濟文史一集藏系列

以茶代酒一愛在原鄉 健康促進

作　　者／呂芳川
策劃指導／顏博文（慈濟基金會執行長）
總 策 劃／何日生（慈濟基金會副執行長）
出版統籌／賴睿伶（慈濟基金會文史處）
企劃編輯／呂芳川（慈濟基金會文史處）
編　　校／羅世明（慈濟基金會文史處）
圖片協力／慈濟基金會慈發處
責任編輯／林欣儀・蔡宗麟
美術編輯／申朗創意
總 編 輯／賈俊國
副總編輯／蘇士尹
行銷企畫／張莉滎・廖可筠・蕭羽猜

發 行 人／何飛鵬
法律顧問／元禾法律事務所王子文律師
出　　版／布克文化出版事業部
台北市中山區民生東路二段 141 號 8 樓
電話：(02)2500-7008 傳真：(02)2502-7676
Email：sbooker.service@cite.com.tw
發　　行／英屬蓋曼群島商家庭傳媒股份有限公司城邦分公司
台北市中山區民生東路二段 141 號 2 樓
書虫客服服務專線：(02)2500-7718；2500-7719
24 小時傳真專線：(02)2500-1990；2500-1991
劃撥帳號：19863813；戶名：書虫股份有限公司
讀者服務信箱：service@readingclub.com.tw
香港發行所／城邦（香港）出版集團有限公司
香港灣仔駱克道 193 號東超商業中心 1 樓
電話：+852-2508-6231 傳真：+852-2578-9337
Email：hkcite@biznetvigator.com
馬新發行所／城邦（馬新）出版集團 Cité (M) Sdn. Bhd.
41, Jalan Radin Anum, Bandar Baru Sri Petaling,
57000 Kuala Lumpur, Malaysia
電話：+603- 9057-8822 傳真：+603- 9057-6622
Email：cite@cite.com.my
印　　刷／永曜印刷文化事業有限公司
初　　版／ 2021 年（民 110）10 月
定　　價／ 480 元
I S B N ／ 978-986-0796-55-1
E I S B N ／ 978-986-0796-59-9 (EPUB)

城邦讀書花園 www.cite.com.tw
布克文化 WWW.SBOOKER.COM.TW